手話に関心がある
すべての人のための

明晴学園メソッド

知る・学ぶ・教える日本手話

明晴学園手話科（小学部・中学部）

狩野桂子・森田明 著

NPO法人バイリンガル・
バイカルチュラルろう教育センター 編

学事出版

はじめに
● ● ● ● ● ● ● ● ●

　東京都品川区の京浜運河沿いの緑豊かなところに、私立ろう学校の明晴学園があります。乳児から中学生までのろう・難聴の子どもたちが通い、手話でおしゃべりしたり学んだりしています。日本には約100校のろう学校がありますが、「手話を学び・手話で学ぶ」ことができるろう学校は、長い間ひとつもありませんでした。その中で誕生したのが明晴学園です。明晴学園では、ろう児を聞こえない子ではなく「目の子（目の人）」というプラスの価値観で教育を行っています。

　明晴学園の大きな特徴は、日本手話と書記日本語、ろう文化と聴文化のバイリンガル・バイカルチュラルろう教育であり、「手話科」と「日本語科」という教科があることです。設立から15年、「手話科」の授業が確立してきたこともあり、明晴学園にしかない「手話科」の授業内容を知っていただきたくて、この本を出版することにしました。

　ところが、編集をすすめると、授業のつくり方や教材、展開方法など、**「手話に関心があるすべての方」の役に立つ**ものだということに気づきました。

例えば……
■ろう学校の先生方が自立活動の時間で手話を教える時に役立つ授業案集がある
■小学校や中学校の総合学習やSDGsの授業で使える学習活動事例集がたくさんある
■大学の手話サークルで学ぶ時の日本手話やろう者に関する基本情報がある
■地域の手話講習会や手話サークルの学習や活動で手話動画や活動事例が使える
■言語を研究している方にとっては日本手話の動画教材や文法解説がある
■ろう児や難聴児の保護者が日本手話のしくみや教育の方法を知ることができる

　そこで、学事出版の編集者・加藤愛さんが、第1部「理論編」と第2部「実践編」に分けて、手話に関心があるすべての方が見やすく使いやすいように編集してくれました。学事出版としては、初めての手話に関する本だそうです。鈴木宜昭社長が自ら授業見学をされ、子どもたちの明るく活発な様子に教育の成果を称えてくださいました。この本をきっかけに、一人でも多くの方が日本手話の魅力を知って、学んでみたくなったり、教えやすくなったりすることを心から期待しております。

明晴学園校長　榧　陽子

もくじ

※第7章、第8章、第9章では手話動画で学べる箇所があり、
▶ のアイコンが付いています。
なお、動画は次のページにアップされています。
https://www.bbed.org/com/meisei_jsl

第1部

・・・・・・・・・・・

理論編

机は全員の手話が見えるように馬蹄形（U字型）に配置

小2手話科の授業

第1章 手話科とは？

この章では、なぜろうの子どもたちにとって手話科が必要なのかを説明する。初めて手話を教えることになったろう学校の先生にも分かりやすい説明を心がけた。

1.1 言語能力の領域

カナダの言語学者であるカミンズ（2011）[*1]は、マイノリティ言語話者の子どもたちの言語能力について、次の3領域に分けている。

（1）CF（Conversational Fluency　会話の流暢度）
（2）DLS（Discrete Language Skills　弁別的言語能力）
（3）ALP（Academic Language Proficiency　教科学習言語能力）

この3領域はそれまでBICS（生活言語能力）とCALP（学習言語能力）の2つの領域で考えられていたものの間にDLS（弁別的言語能力）を加えて3領域としたものである。CFがBICS、ALPがCALPに相当する。学習者のCFの習得は通常1年～2年と言われる。この弁別的言語能力（DLS）を加えた背景は、米国で当時行われていたマイノリティ言語児童のための政策・実践・評価がすべて文法や語彙の習得（いわゆるDLS）中心で、教科学習言語能力（ALP）の向上には力をいれていなかったことがあげられるとされている。DLSは、基本文法、音韻に関する知識、文字の習得（文字に関する知識・文字を解読する力）などの個別の言語技能を指し、その習得期間は個々の技能によって異なる。ALPには日常生活では聞かないような語彙の習得、抽象概念の理解などが含まれ、その習得には5年～7年かかると言われている。

日本手話の話者であるろう児についても、（1）～（3）がどの程度育っているか、把握することが重要である。日本手話の場合、（1）が教室内での自然習得に任されているだけで、（2）や（3）は通常ろう学校の授業内では育成されないという、不均衡がある可能性が高い。

森・佐々木（2016）は『手話を言語と言うのなら』[*2]という本の中で、手話の言語力

＊1　ジム・カミンズ著、中島和子訳著『言語マイノリティを支える教育』慶應義塾大学出版会、2011年
＊2　森壮也・佐々木倫子編『手話を言語と言うのなら』ひつじ書房、2016年

を育てることの重要性について次のように述べている。

> 「ろう児が複数集まれば、そこでは手話による真のやり取りが往々にして始まる。ろう児たちに必要なのは、内容に集中できる、思考に合ったスピードで、互いの意志伝達ができる言語である。しかし、ただ生徒同士で使っているだけでは、それは日常会話レベルにとどまってしまう。そこには音声日本語会話をこなす聴者にとっての国語科同様の、日本手話を育てる授業が必要である。」

1.2 「手話科」の開設

明晴学園が日本で初めてのバイリンガル・バイカルチュラルろう教育を公的な体制の中で実施するにあたり、「手話科」の開設について以下の基本方針を策定した。

> 【基本方針1】ろう児にとって第一言語（母語）となるのは日本手話である。ろう児は必然的に手話と日本語を使用するバイリンガルとして育つ。
> 【基本方針2】教室内言語は手話を用いる。
> 【基本方針3】従来の教科「国語」の「話すこと・聞くこと」は、新たな教科『手話』で行う。
> 【基本方針4】教科『手話』の領域構成は、「理解」「表現」「文法」「物語・文学」とする。
> 【基本方針5】従来の教科「音楽」はろう者にとっての音楽である手話によるドラマやポエムなどを通して学ぶ。聴者の音楽に関する事柄についても知識・教養として学んだり体験したりする。
> 【基本方針6】研究開発校として、教育言語としての手話の研究を推進する。

1.3 ろう児の言語環境

以下に、用語の解説とともに手話科の目指すものを説明する。

・手話環境で育てた児童は小学校入学段階では聴児とほぼ変わらない言語能力を持つ。

・従来の教科『国語』における音声言語による「話すこと・聞くこと」の指導は、ろう児にとっては十分な指導内容の入力にならない。

・手話科はろう児の言語発達に寄与し、高いレベルでの学習活動も可能になる。

・眉上げやうなずきなどの NM（Non-manuals）の手話の文法学習を中心とした授業
　もある。このように、手話の表現技術が上達することで、自分の意見や考え方を深く
　発信することができ、難しい内容も理解できる。そして、それは他の教科の深い議論
　につながる。

　手話科の「目標」は、「第一言語としての日本手話を適切に表現し正確に理解する能
力を育成し、伝え合う力を高めるとともに、思考力や想像力および言語感覚を養い、手
話に対する関心や手話を尊重する態度を育てること」である。よって、手話科では以下
を重点的に進めることとした。

教育課程「手話科」重点目標

> （1）言語概念の形成と思考力の育成
> （2）指導内容の精選
> （3）視覚教材の活用

「発話」と「言語」の区別（ギャローデット大学より）

　「発話」は口を動かして音を作り出す力にすぎないが、「言語」は単語・文法・会話の
ルールを理解し、使いこなす力であり、「発話」は言語を表す方法の1つである。「言
語」は手話でも日本語で書くことでも表現することができる。手話では自分が言いたい
内容を表現するために、顔の動きや手型、手の動き、位置を用いる。

　日本手話を使って、依頼や指示を出したり、話し合いや説得をすることができるし、
感情を伝えたり、冗談を言ったり、詩を作ったりすることもできる。言語は友達を作り、
自分の考えを深めて新しい知識を得て、学校でよりよく学ぶことに重要な役割を果たす
（手話は耳と口の代わりに目と手を使う言語であるため、独自の性質もある）。

生活言語と学習言語

　第二言語を習得する場合に、通常、2つの違うタイプの言語能力を身につける必要が
ある。「遊び場言語」と「教室言語」と呼ばれることもあるが、「生活言語」と「学習言
語」という言い方がよく使われる。いわゆる日常会話で使う言語と高度な思考や論理的
な分析に使う言語は違うものである。

　外国で英語で買い物をしたり、道を聞いたりするくらいの日常会話レベルなら何とか
こなせるが、政治や経済の議論をするのは難しいという人は多いだろう。英語圏に行っ
た海外駐在員の子どもは、すぐに友達ができ、学校にも慣れ、瞬く間に英語がうまく
なっていくのに、家にいる母親は少しも英語がうまくならず、子どもに通訳してもらう
ことが多いという話はよく聞く。

　しかし、本当にそうだろうか？　遊びの場面のように、人と人が面と向かって話す時

に使う言語では、場面や相手の表情、体の動きなどといった言語以外の情報がたくさんある。このことを周りの状況（コンテキスト）に頼っている、という。それが「生活言語」、日常会話の世界である。

　ところが、学校の教室で使われる言語、数学や社会などの教科の指導に使われる言語は、遊び場の言語とは違う。思考をする時などに使う高度な言語になる。分析、推理、評価などといった作業を行う時に必要となる言語である。話している相手が必ず目の前にいるとは限らない。つまり、認知的に高度な、言語そのものの知識が必要なのである。この学習言語を獲得していることが、教科の学習を進めていく上で大変重要になる。海外に移住した子どもの多くは、2〜3年で日常会話がかなりできるようになっても、学習言語はなかなか母語話者並みにはならないようである。大人は子どもの見かけの流暢さに惑わされてしまうが、言語習得には長い時間が必要なのである。

日本手話の生活言語と学習言語

　ろう者の場合、母語である手話の「生活言語」と「学習言語」はどうだろうか。「生活言語」は日常生活の中で手話環境を確保すれば、なんとか自然に身につくだろう。しかし「学習言語」のほうはどうだろうか？　これまでに、ろう学校では手話で授業が行われてこなかった。つまり教室の中に、授業をするための手話、教科の学習をするための手話が今までなかったのである。

　手話の学習言語がないというわけではない。大学の授業を手話通訳付きで学んでいるろう者は多くいる。手話ニュースでは政治・経済について報道しているし、政見放送も手話通訳がつく。高度に抽象的な内容についても、もちろん手話で語ることができる。しかし、今まで、ろう児が成長していく中で、手話での学習言語を発達させる機会が与えられていなかった。母語の学習言語を十分に発達させることができなかった子どもが、第二言語で教科学習を進めていくのは大変に不利なことである。

「生活言語」家族との会話

　学習には「転移」ということがある。第一言語で「光合成」がどういうことかを知っていれば、同じことを第二言語で学ぶ時には、それを第二言語で何というのかを覚えさえすればいい。また、割り算を第一言語で学習していれば、第二言語で割り算をする場合に、割り算そのものを学びなおす必要はない。

「学習言語」授業で学ぶ

ただ、それに使うことばを覚えればいい。だから、ろう児の場合、まず母語である手話の生活言語を身につけ、学校に入ってからは手話での学習言語を発達させていくことが必要になる。

　次に示すブルームの6分類のように、手話で、概念や論理を、理解、応用、分析、統

合、評価する活動をしてこそ、手話カリキュラムである。つまり、内容を重視することがカリキュラムに求められる。

また、基礎的な文法能力を身につけてから、手話の運用を教えるのではなく、運用しながら手話力を育てていく姿勢も重視される。

	カテゴリー	教育活動に見られる思考の内容
最高次の思考	評価	評価する。 考えに対し、結論づける、対比する、批判する、正当化する、説明する、要約する、など。
↑	統合	部分を組み合わせて、新しい意味や構造を作り出す。 分類する、結びつける、編集する、創造する、生み出す、修正する、要約する、など。
	分析	部分に分けることで、理解しやすくする。事実と推測を区別する。 対比する、図表化する、識別する、推測する、関連づける、分離する、など。
	応用	学習した概念を新しい状況で使用する。 応用する、計算する、発見する、準備する、示す、解決する、修正する、など。
↓	理解	意味を理解し、自分のことばで言い換える。解釈したり、言い換えたりする。 区別する、説明する、解釈する、言い換える、主要な点を言い当てる、翻訳する、など。
最低次の思考	知識	学習した内容を記憶する、再生する。 引用する、定義する、記述する、再生する、述べる、リストを作る、など。

思考の段階を6つにわけたブルームの分類

第2章 ろう児の思考スタイルに基づいた指導の重要性

> 　大切なことは「ろう児は単に耳が聞こえないだけの聴児ではない」という認識をもって、ろう児の指導にあたること。かれらの思考スタイルは聞こえる子どもたちと同じではない。

2.1　ろう児の思考スタイルに基づいた指導

　ろう児を教育する上で、その思考スタイルや特性を理解し適した方法で教育することが必要不可欠と考えるが、ろう児の思考スタイルについての研究は進んでいない。ろう児の思考スタイルについてオランダ・ラドバウド大学のハリー・クノールス教授と米国・ロチェスター大学のマーク・マーシャーク教授は、共著の中でこう記している。

　　「1つの感覚が欠けるということは、その感覚の機能に加え、すべての機能の働きや統合を変化させ、経験は聴児とは異なった形で心理的に構成される、すなわち、知覚、観念、心象、思考の世界は、聴覚がないという変化に基づく、新しい構造をもつ」（Myklcbust, 1960, p.1）。このことから、聴覚障害児は聴児から聴力だけを取り除いた存在ではないとうい論点が必須のものとなる。（『聴覚障害児の学習と指導　発達と心理学的基礎』p.41[*3]）

　この視点は何度も登場し、「これまでの議論が意味すること」として、このように推測している。

　　「聴覚障害児と聴児の間には、一般的な知的能力の違いはないにもかかわらず、行動の順序づけや他者の視点に立つ能力などの、さまざまな認知プロセスにおける違いが就学前の早い段階から報告されている。これらの違いは、（中略）聴覚的処理の代わりに視覚的処理に主に依存する聴覚障害児と聴児との間の認知的違いの本質的な側面を示しているのかもしれない。」（前掲 p.169）

　教員の半数以上を日本手話ネイティブのろう者で構成している明晴学園では、この点

---

*3　四日市 章、鄭　仁豪、澤　隆史、ハリー・クノールス、マーク・マーシャーク編『聴覚障害児の学習と指導　発達と心理学的基礎』明石書店、2018年

について潜在的に、かつ経験から理解され、ろう者教員の間で自然に共有されている。それは、言語を含む情報の大半を視覚で得ているろう文化（ろう者の生活様式）によるところが多い。以下に1例を記す。

2.2 日本手話と日本語の違い

日本手話の動詞には手段を含んでいるものが数多くある。例えば、日本語では「穴を埋める」という言葉は成立するが、日本手話では成立しない。「何に空いている、どんな形の穴」を「何で埋めるか」を表す必要がある。同様に日本語の「牛乳を温める」も、日本手話では「どういう方法で温めるのか」が必要になるのだ。こうした日本手話の特徴を『文法が基礎からわかる 日本手話のしくみ』（大修館書店）で岡典栄と赤堀仁美は、このように説明している。

> 「私はミルクを温めて飲んだ」という場合、日本語ではどういう手段で温めたのかは示されません。ところが、手話では〈温める〉という動詞をあらわすためにその手段が明示されなくてはなりません。電子レンジで温めた場合と、火にかけて温めた場合では手話表現が異なるからです。」(p.87)

もう1つ、日本手話を用いたろう者同士の会話は、「確認」によって進行していくことに注目しなければならない。これは、手話単語で「分かった？」と聞くだけでなく、文法の1つであるNM（非手指要素）による確認が多数行われる。例えば、「この表と円グラフは同じです」と説明する時に、「この表」の後にNM（うなずきと目の開き方）で「確認」が入ってから「円グラフは同じです」と続く。これが日本手話の話し方であり、この「確認」によってろう者（児）の思考はスムーズに動いていく。

2.3 視覚言語で作られる思考スタイル

主に視覚で情報を取り込むろう児にとって、「見えないものはないこと」に等しい。事の起こりや動き、過程を細かく言語化することで情報が正しく伝わるのである。教員が手話を使っていても日本語的な思考でろう児に説明している場合、ろう児には情報が足りず理解しにくいことになる。ろう児に指導する際は、「事の起点を明確にする」「過程を具体的に言語化する」「確認を繰り返して進む」ことに注意が必要である。

ろう児に分かりにくい例
教師「今日は、11月の文化祭で何をやるか相談します。」

ろう児に分かりやすい例

教師「11月、文化祭があるのを知っていますか？」

児童「うん。知ってる。11月、文化祭がある。」

教師「そうですね。文化祭では、クラスで出し物をしますね。」

児童「はい。」または「へ～、そうなんだ。」

教師「そう、クラスで出し物をするんです。

　　　このクラスでは何をやるか、今からみんなで相談します。」

　上記の「ろう児に分かりにくい例」では、「11月、文化祭がある」という事の起点の確認がされていない。立て続けに、「文化祭で何をやるか」と「相談する」の2つの行為が同時に語られ、その間にも確認がない。一方、「ろう児に分かりやすい例」を見ると、確認をしながら話が進んでいく。聴者には、面倒に見えるかもしれないが、大切なことは「ろう児がしっかり理解でき、それによって思考力や発想力、表現力が育つこと」である。もちろん、ろう児も年齢が上がれば、知識と経験によって日本語的思考を理解していくが、学びの場である教室では、ろう児の思考スタイルに合ったアプローチが効率的で効果的なのである。

2.4　偶発学習

　明晴学園では、ここ数年、ろう児の家庭環境（両親または、そのどちらかがろう者であるデフファミリーと、聴者家族）が思考スタイルに影響を及ぼしていることが指摘されるようになった。その1つが、偶発学習の量である。偶発学習については、『最新 心理学辞典』（Web サイト『コトバンク』）によると、以下のように記されている。

> 　学習しようという意図や動機づけなしに生起する学習。偶発学習の結果として生じる記憶は偶発記憶 incidental memory とよばれる。これに対して、学習しようという意図のもとでの学習は意図的学習 intentional learning とよばれる。日常生活では、学習しようとする意図のもとですべての学習がなされるわけではない。意図的に学習しようとしなくても学習し、記憶していることが少なくない。知識だけでなく、行動、態度、考え方なども学習しようとする意図なしに学習されることがある。このことは、モデリングや社会化に関する研究によって明らかに指摘されており、古くから「門前の小僧、習わぬ経を読む」や「子は親を映す鏡」などのことわざに言い表わされている。

　聴児は、生まれた時から大量の音声情報や音情報の中で育ち、意図や動機づけなしに、様々な言葉を習得し概念を形成していく。しかし、ろう児や難聴児は、そのほとんどの情報をキャッチすることができない。ただし、デフファミリーの家庭内においては、ろ

聞こえる子どもの言語環境

聞こえない子どもは？

う児も手話での会話を目にする機会がある。そこには、ろう児自身には直接関係がない話題も多く存在し、いわゆる偶発学習や側聞が成り立っていることになる。一方、聴者家族の中で唯一のろう児の場合、家族が意識して手話を使っていても、ろう児に関係のない話題を家族同士で話す時には音声を使うことが多い。「見えないもの（音声）はないことに等しい」ろう児にとって、家族同士の会話からは何もキャッチすることができないのである。この差が日常的に積み上げられると、言葉や概念形成に差が生じる可能性は高い。ただし、デフファミリーのろう児であっても家族が手話を使っていない場合や、家の外での偶発学習は聴者家族のろう児と同じような環境になる。

　このように、ろう児の思考スタイルは視覚情報によって形成されるという特徴があり、音声言語によって育つ聴児とは異なった思考スタイルが作られていくと考えられる。以

下では、ろう児の思考スタイルに基づいた指導を目指して、家庭環境によって異なるろう児の思考や行動を具体的に記した。以下、ろう児の親がろう者であることを「ろう親」、ろう児の親が聴者であることを「聴親」という。

2.5　ろう児の思考スタイルと行動スタイル

　明晴学園では、児童生徒の約半数がろう親のろう児（デフファミリー）である。ろう児の90％が聴者の両親から生まれることからすると、この割合はかなり多い。ただし、学年によってその割合にはばらつきがある。その中で、ろう親のろう児と聴親のろう児に思考スタイルと行動スタイルの違いを見ることができる。これについては、ハリー・クノールスとマーク・マーシャーク（前掲2018）も多く指摘している。

　　「聴覚障害の親をもつ聴覚障害児と聴者の親をもつ聴覚障害児の間にはいくつかの違いがある。これらの違いの多くは、流暢な言語モデルへアクセスする時は明らかだが（第4章）、発達と学習の両方に影響する言語と認知の相互作用でも示される（第2章）。したがって、聴覚障害児の学習を最大限に支えるために、教室での指導法や教材をどのように変える必要があるかを理解するには、認知、学習、言語の相互作用に目を向ける必要がある。」（p.148）

　明晴学園では、聴親のほとんどが、ろう児が0〜2歳の頃から日本手話で子育てをしている。もちろん、初期の両親の手話レベルはネイティブのろう親には遠く及ばない。しかし、子どもの年齢に応じて聴親の手話も上達している。では、なぜ両者の子どもに違いが見られるのか。それは、主に視覚言語と視覚情報で生活しているデフファミリーと、音声言語と音情報が優位に立つ聴者家族の生活様式（文化）に起因しているものと思われる。

　例えば、母語である日本手話の習得において、ろう親のろう児は低学年でほぼ生活言語を使いこなし、ろう者らしい会話（ろう者の思考による会話のスタイル）ができる。それに比べると聴親のろう児は日本手話の生活言語の習得に若干の遅れが見られ、ろう者らしい会話ができるようになるには、学校以外でろう者と接する時間などが必要になる。ろう親たちの多くは、様々なろうコミュニティに属していて、休日には家族でその集まりに参加することが多い。そこで、ろう児は自分の家族以外の成人ろう者や年上のろう者と話をしたり、彼らの会話を目にしたりしている。このため、授業中の雑談にろうコミュニティについての話題が出ることもあり、輪の中心になることが多い。一方、聴親のろう児は、聴者に接する時でもあまり緊張することはないが、ろう親のろう児は聴者の話を聞くことに慣れていない。また、ろう親のろう児が常に全体を見ているのに対して、聴親のろう児は自分が決めた範囲だけを見る傾向があるようだ。これについては以下の記述もある。

「Marschark and Hauser（2012）は、きこえない親が聴覚障害の子どもに自然に行っている子どもの周辺視野を広げるような支援を、聴者の親も行うことの重要性を論じている。」（前掲2018、p.67）

　子どもたちの行動様式で、最も注目されるのが「確認」のタイミングと回数である。「2.1ろう児の思考スタイルに基づいた指導」で説明したように、ろう児（者）の思考スタイルと会話には「確認」が必要不可欠と言える。授業中、ろう親のろう児は話の途中でも確認することが多く、分からないままやり過ごすことはあまりないが、聴親のろう児は話の最後に確認するか、確認しないまま周りの様子を見てやり過ごすことが多い。これは、「ろう文化（ろう者の生活様式）」と「聴文化（聴者の生活様式）」の典型的な違いと言えるのではないか。

　ただし、これらの違いは、すべてのろう親のろう児と聴親の聴児が当てはまるというものではなく、個人差もある。また、どちらが良い悪いというものでもなく、違いが見られるということに過ぎない。大切なことは、その違いを認識して、それぞれの子どもに合ったアプローチで授業を組み立てるということである。

第3章　手話科という教科の構成

3.1　手話科教員に求められるもの

　明晴学園における手話科は主として2つの分野から構成されている。大きな柱の1つは言語としての手話（文法、文学（ポエム・演劇）等）を学ぶことであり、もう1つは「ろう者学」である。ろう者学とは高山（2019）[4]によれば、「ろう者が障害者としてではなく、文化言語マイノリティとして、医学モデルに立脚した様々な言説やスティグマに抵抗するための経験知や、ろう文化と定義される文化の継承の重要性を主張してきた知識集合体」であり、「学問体系として認識されている」ものである。明晴学園の手話科は「国語科の話すこと・聞くこと」＋「音楽科」＋「自立活動の　部」によって成り立っているため、ろう者学の分野は手話科に含まれる。中学部での各分野の比率は手話言語学約48%、ろう者学約23%、国語教科書約11%、その他（オリエンテーション、試験等）となっている。

3.1.1　ろう児の手話の学習言語を育てるために手話科教員に求められる手話指導のスキル

・ナチュラル・アプローチ手話教授法講座（「NPO法人手話教師センター」http://www.jsltc.org/）の修了者であること。（明晴学園では現時点で手話科の教員免許が存在しないため、この講座修了者を国語科の免許保有者と同等の資格として採用・配置している。特例校措置として東京都の承認も得ている。）

・手話言語学の知識を有していること。
・バイリンガル教育についての知識を有していること。
・ろう文化と聴文化を理解し、その違いについて分析できること。
・マイノリティとしての自覚を持っていること。
・常に言語学や教育などに関する新たな情報を確保する姿勢を持つこと。
・日本手話ネイティブサイナーまたは早期手話話者（アーリーサイナー）であること。
※手話科教員に求められる日本文法の知識（第7章参照）

---

[4]　高山亨太（2019）「ろう者学の知見を反映したソーシャルワーク教育に関する研究」日本社会事業大学博士論文

3.1.2 ろう者学指導のスキル

・ろう者を取り巻く生活や社会はどのように変革していったのか、現在における私たちの暮らしとはどう違うかを理解している。

・ろう者の人権、歴史、ろう教育、言語、手話通訳、文化、文学、法律、生活、職業、コミュニティなど、様々なシステムがあることを理解している。

・マイノリティとされる集団にはどのような集団があるのか、そしてマイノリティが感じている社会的抑圧や共通概念はどんなものがあるか、マジョリティとマイノリティについて理解している。

3.2 手話科の授業の作り方

　手話科は明晴学園が日本で初めて設置した教科であるため、明晴学園以外の学校で学んだ教員は手話科の授業を受けたことがない。自分が受けた教育と混同しないように留意した上で、下記のような流れで「手話科の授業」を計画し、実践することが望ましい。

手話科授業の作り方（流れ）

ろう児の実態把握	
学習経験（例：RS（Referential Shift）を学んだかどうか等）	児童生徒の手話力と家庭の手話環境

ろう児の思考スタイルに合わせた教員の指導法		
曖昧なやりとりはしない	自主的活動や話し合い活動を多く行う	既習内容と結びつけ、それを基に推論する力を育てる

単元計画の作成		
結論が明確であるもの	ろう者学的な要素を含む	6つのT（下記参照）

身につけさせたいこと	
下記の3つの観点に分けて指導内容を決める ①概念　②文法・語彙　③ろう文化	手話科の領域（表）で確認する

評価	
様々な評価方法の中から指導目標に合わせて選ぶ	児童自体の具体的な行動で評価基準を作る

　文部科学省が示す「国語教育についての基本的な認識」においては、「情緒力・想像力」（感じる力・想像する力）、「論理的思考力」（考える力）、「語彙力」「表現力」の総合的な発達を促すべきであるとされている。また、その学習においては、様々な社会体

験、社会科や理科の学習などを通して、論理的思考力の育成に努めることが重要である、とされている。手話科における内容重視の言語教育カリキュラムづくりは、まずタスクから入り、タスク・内容・言語を組み合わせていくことが望ましい。

①タスク	達成すべき目的を持った言語使用を促す活動
②テーマ	興味を刺激し、動機づけになるもの
③トピック	より具体的なテーマ
④つなぐ（具体的）	トピックとの関連性
⑤テキスト	内容を提供し、意味のある言語使用を促す書き言葉や視覚教材
⑥つなぐ（抽象的）	テーマをつなげる抽象概念

6つのT（単元を計画する時）

　関連性のある内容をそろえていくことによって、児童生徒たちの関心がより広がり、深まるようにする。言語の基本は意味を伝えること、つまり内容を重視することが、カリキュラムに求められる。

　CL（Classifier）やNM（Non manuals）表現などの文法項目、手話での効果的な伝え方などの言語技術は大切な要素ではあるが、それらを最初に組み立てて教えることはあまり勧められない。あくまでも言語の基本は内容であるということを常に念頭においた指導が大切である。

留意点

・文法項目や言語技術ありきにならないように気を付ける。
・児童生徒の興味をかきたてるような単元計画を立てる。
・ろう文化につなげるタイミングに気をつける。
・1つの単元が終了した後、どの程度定着したかを1人1人確認し、定着した内容をもとに次の単元につなげていく。
・教師自身が手話言語学およびろう者学の基礎的な理解を有し、加えてろう児の認知・心理・言語の発達や行動について把握しておく。

3.3 「しかあり」に基づく指導計画

　明晴学園は、すべての教科で「しかあり」に基づいた指導計画を立てている。「しかあり（KICA-PACK）」は、「知る・考える・表す・利用する」の頭文字を取ったもので、バイリンガルろう教育を推進しているカナダ、オンタリオ州トロントにあるドルーリーろう学校の研究実践を採用し本校の教育方針とした。知識重視ではなく「考え、利用できる力」に重点を置いた学習方法である。

知　　る：計算できる、正しい文が書ける、知識がある
考える：批判的、創造的に考える、自分で調べたりできる
表　　す：自分の考えや情報を表現し、他の人とやりとりできる
利用する：生活の中で知識技術をうまく利用し、応用できる

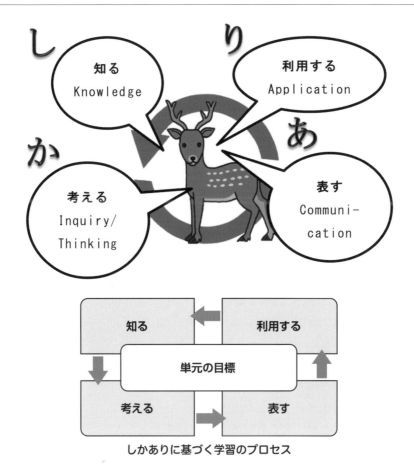

しかありに基づく学習のプロセス

大切なことは、子どもたちに考えさせること

　「これは何か（知識重視）」ではなく「どのように、すべきか（考え・利用できる力）」を育てることを意識する。教師は題材を計画する時に知識だけでなく考える力、やりとりする力、それを生活に応用する力を育てるということを念頭に準備することが求められる。

「しかあり」に基づいた学習の例

　「雨」という漢字が書ける。意味が分かる、だけでなく、なぜ雨は降るのか、どのように降るのかを考えたり、調べたりする。そして考えたこと、分かったことを他の人に伝え、話し合い、生活の中で利用して、自分のものにしていけるように、毎日の教育実践を計画する。※具体例は実践編第8章参照

	Is いるか あるか	Did したか	Can できるか	Will するのか	Would する だろうか	Might するかも しれない	Should するべきか
WHO だれが							
WHAT 何が							
WHERE どこに どこで							
WHEN いつ							
HOW どのように							
WHY なぜ							

知っている こと・知識

考えること 応用すること

3.4 手話科の教材

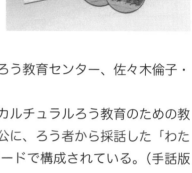

小学部

　小学校国語の文部科学省検定済教科書の他に、様々な副教材を使用している。

『小学校国語の文部科学省検定済教科書』
『ハルミブック（上・下）』テキストと手話動画 DVD
特定非営利活動法人バイリンガル・バイカルチュラルろう教育センター、佐々木倫子・古石篤子監修
・日本手話と書記日本語をつなぐバイリンガル・バイカルチュラルろう教育のための教材。ろう児ハルミ（8歳）とその家族・仲間を主人公に、ろう者から採話した「わたしのかぞく」から「野球チーム」までの26のエピソードで構成されている。（手話版／日本語版）
DVD『手話を楽しむ会』D-PRO 映像部制作
※第8章の「手話文学『森に棲む人』を楽しむ」のコラム「手話文学」を参照。

中学部

　中学校国語の文部科学省検定済教科書の他に、下記のテキストが教科書として認められており、手話の言語学の授業の時に使用している。

『中学校国語の文部科学省検定済教科書』
『文法が基礎からわかる　日本手話のしくみ』岡典栄・赤堀仁美著、大修館書店
・日本手話の発音・語彙・文法・表現を、体系的に、一般向けに解説した「手話の語学テキスト」で、スマートフォンやパソコンで日本手話の動画を見ながら学習できる。手話サークルから大学の授業まで幅広く日本手話の学習で使われている。
『日本手話のしくみ　練習帳　DVD付』岡典栄・赤堀仁美著、大修館書店
・『文法が基礎からわかる　日本手話のしくみ』に準拠しつつ、よりやさしく、よりわかりやすく、楽しく練習できる日本手話の「練習帳」。巻末には慶應義塾大学・松岡和美氏作成の授業計画案（小学校5年生〜6年生）が掲載されている。
『日本手話で学ぶ手話言語学の基礎　DVD付』松岡和美著、くろしお出版
・初学者が手話言語学の基礎知識を得るための入門書。日本手話ということばの仕組みを豊富な写真入りで解説し、ろう者が読みやすいよう、また内容を日本手話で表しやすいように、短い文で平易な表現を用いて書かれている。本の内容を解説した日本手話の DVD 付き。

評価基準テストとしては次のものを使った。

『日本手話実力判定ソフト　サイナーズ』DVD（日本手話）と付属解説書（日本語）特定非営利活動法人バイリンガル・バイカルチュラルろう教育センター、学校法人明晴学園制作

・日本手話の評価基準テストとして明晴学園が制作した実力判定ゲーム。音韻、文法、語彙、CL、会話の5つのジャンルからなる150問で総合的に判定できる。※販売終了

3.5　ろう者学の教材「ろう（者）の歴史」〜教材の内容＆指導方法〜

　明晴学園のろう者学で学ぶ内容は、以下のとおり多岐にわたる。言語と文化（ここではろうコミュニティをさす）はつながっている。その中で、「ろう者の第一言語である日本手話」を多面的にみることも手話科の重要な学習内容である。

　欠格条項、ろう文化宣言（マイノリティとマジョリティ）、ろう者の歴史、ろう者とテクノロジー（スマホで手話通話ができる、電話リレー、人工内耳など）、メディアとろう者、ろうコミュニティのあり方、多文化共生の理解、手話を使う人は誰なのか？（耳鼻科医や手話学習の聴者もろうコミュニティの一員か？）、社会を変えるための行動とは？手話通訳の使い方、外国のろう文化との共通点および相違点。

　ろう者学を学ぶことによって、生徒たちは「自らの生き方を見つめ直し、未来を予測するきっかけとなり、自らの可能性をどのようにひろげるか」を考えることができる。さらには、ろう者の思考や手話文法・語彙がろう者学とつながっていることが多いため、手話の文法と文化を同時に学習することができる。

　例①：ろう者のイベントに行くと、手話の敬語が必要。

　例②：「あの人はこの人の友人を知っている」＝ろう者の世界はせまい。つまり、「ろう者あるある」で手話の空間利用を教えやすい。

　明晴学園はろう社会の縮図である。生徒たちはろう者としてのアイデンティティ、知識、ろう者の思考スタイル、ろう者ならではの行動（社会規範）を身につけることで、ろうコミュニティの中で生きる術を学ぶ。また、ろうの先人たちの活躍を知り、ろうコ

ミュニティの遺産を受け継ぐことができる。

　「手話」を学ぶ時間は、他のろう学校だと自立活動の時間にあたる。その際には、ろう者学も同時に学ぶことで、手話を知るだけでなく、ろう者のアイデンティティ形成につながる（ろう者学は決して障害認識のための教材ではない）。

　ろう者学の副教材は、他にあまり例を見ないため、実践編ではなく、理論編の一部として、第3章に掲載する。

〈生徒へのメッセージ〉

ろう（者）の歴史を学ぶことの意義とは？（導入）

　学校では、社会という教科の中で、日本や世界の歴史について学ぶことになっている。あなたは「歴史」は得意だろうか、それとも苦手意識を持っているだろうか。歴史なんて暗記するだけの教科だと思う人もいるかもしれない。

　大切なのは、「歴史を学ぶ」のではなく、「歴史から学ぶ」ことである。ドイツの有名な詩人ゲーテは、下記のような名言を残している。

「三千年の歴史を解く術を持たぬ者は闇の中、未熟なまま　その日その日を生きる」

　歴史から学ぶことによって、「自分の生き方を見つめ、可能性をひろげ、未来を予測する」ことが、生きる上で、大切なことではないだろうか。

　このような視点から、ろう児は「聴者の歴史」だけでなく、「ろうの歴史」も学ぶ必要があると言える。むしろ、「ろうの歴史」を中心に学び、ろう者の歴史から見た「聴者の歴史」という視点を持つことができるようになってほしい。

- ・「ろうの歴史」を学ぶことで、ろうの先人たちの活躍を知る
- ・ろう社会（ろうコミュニティ）の遺産を受け継ぐ
- ・「ろうの歴史」の学習を通して、「未来のろう社会」を担うためのアイデンティティ、知識、思考、判断、行動の力を身につける

　「ろうの歴史」は残念ながら　社会科の教科書には載っていない。陽の目を見ることもかなわず、限られた人たちが細々と、「ろうの歴史」を受け継いできたのである。少なくとも、皆さんには、「ろうの歴史」を深く知ってほしいと思う。

　さあ！自分を見つめるために、「日本のろうの歴史」、「世界のろうの歴史」をそれぞれ学んでいこう！

3.5.1 日本のろう（者）の歴史（中1）── 自作教材「日本のろう者の歴史」

　この教材は、『歴史の中のろうあ者』（近代出版、1998年）の著者である、ろう者の伊藤政雄氏に明晴学園で講演を依頼した時に作っていただいたパワーポイント（PPT）を伊藤氏の承諾を得て改訂・再編集したものである。以降、自作教材およびテキストとして活用している。「ろう者の日本史」の授業は10〜15時間程度で実践している。

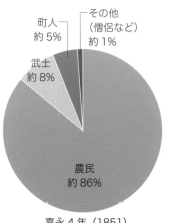

出典：亀井茲建「旧津和野藩に於ける人口調書－徳川時代身分別人口構成の一資料－」『社会経学』2巻（4号）、1932年、P.442〜449の数字から明晴学園でグラフ作成。

嘉永4年（1851）

「和漢三才図会　第十巻人倫之用」
（国立国会図書館デジタルコレクション）

1．江戸時代の人々とろうあ者のくらし

　「グラフから江戸時代の人々の暮らしを見てみよう。圧倒的に多く（約86％）が農民だったことが分かる。その中で、ろうあ者[*5]はどのような暮らしをしていたのだろうか？」

・ろうあ者も多くは農民で、見よう見まねで畑仕事をしていた。
・町人のろうあ者は、もの売りが中心であった。
　「この絵[*6]のろうあ者は何をしているのだろうか。なぜこのような暮らし方になったのだろうか？」

　江戸時代に、農村はよく飢饉（ききん）に苦しめられていた。
・雨が降らない（干ばつ）
・夏に気温が上がらない（冷害）
　などにより、米や野菜が不作し、食べものがない。農民は畑を捨て町へ出る。ろうあ者の農民も町へ出

喜田川季荘 編『守貞謾稿 .6』
（国立国会図書館デジタルコレクション）

石原正明『江戸職人歌合　下』
（国立国会図書館デジタルコレクション）

＊5　ここでは伊藤氏の用語のまま、ろうあ者を使用
＊6　「和漢三才図会」の絵のこと

ざるを得ない。町での仕事は、もの売りが中心だ。聴者はもの売りやもの作りをする。ろうあ者は声を出してもの売りができない。その結果、もの乞いをするしかない状況になるのだ。

２．江戸時代に武家に生まれたろうあ者のくらし

士農工商という身分制度があった江戸時代に、武士に生まれたということは、恵まれた階級にいたということだ。

長州藩（今の山口県）の武士であった吉田 松 陰（1830-1859）の弟である杉敏三郎は生まれつきのろうあ者だった。しかし、彼は教育を受け、

・文字を習い、書けるようになった。
・縫い物も上手にできるようになった。
・聴者のやることを見て、まねて生活することができた。

吉田松陰は、松下村塾を立ち上げ、高杉晋作や伊藤博文など様々な有名人を育てた。

杉敏三郎（松陰神社所蔵）

吉田松陰
（『絹本着色吉田松陰像（自賛）
肖像部分』山口県文書館所蔵）

高杉晋作
（国立国会図書館デジタルコ
レクション）

伊藤博文
（国立国会図書館「近代日
本人の肖像」）

海外に行くことが禁じられている中、アメリカに行きたかった吉田松陰は来航した黒船に直接頼みに行き、英語ができなかったので、身振り手振りでコミュニケーションをとろうとしたことで知られている。結局、黒船には断られた。松陰は弟のことを、『戌牛幽室文稿』という書物に書き残している。

３．町人に生まれたろうあ者のくらし

町人（職人、商人）の子どもでも寺子屋に通い、読み、書き、そろばんを習う子どももいた。その中にはろうあの子どもたちもいた。

大正4年〜3年間にわたり、江戸時代の寺子屋師匠と寺子屋教育を受けた老人3090人へのアンケート調査の結果、障害児が通っていた寺子屋は全国で266箇所確認された。江戸の寺子屋45のうち11箇所に、聾唖、盲、知的障害、肢体不自由児がいた。障害児のうち一番多かったのは聾唖児である（出典：乙竹岩造『日本庶民教育史』）。

ろうあの子どもが集まれば、仲間同士で通じる手話が芽生える。しかし、寺子屋を終えて、互いに会わなくなれば、そのような手話はなくなってしまう……。手話という言葉が生まれるためにはろうあ者同士が、いつも集まる場が必要である。しかし、ろうあ者の人数は少ない。ろうあ者同士が、いつも、集まれるようになったのは、「ろう学校」ができてからだ。

寺子屋の様子『多羅福長寿伝：3巻』
（国立国会図書館デジタルコレクション）

4．西洋のろうあ教育の様子を日本に伝えた人たち（江戸末期—明治初期）
（1）福沢諭吉

幕末にはペリー提督が率いる黒船が来航、鎖国の時代が終わり、日本は開国した。その後、欧米の視察や紹介が増えた。

ペリー提督
（Metropolitan Museum of Art, online collection、メトロポリタン美術館所蔵）

ペリー艦隊（横浜開港資料館所蔵）

福沢諭吉は『西洋事情』（1866-70）で欧米の盲唖教育を紹介した。

1862年の「福沢諭吉」

（『遣欧使節一行』東京大学史料編纂所所蔵）

1887年頃の「福沢諭吉」

（国立国会図書館デジタルコレクション）

福沢諭吉の『西洋事情』から

啞院は啞人を教ゆる学校なり。啞子数百人を集めて、語学、算術、天文、地理学を教授すること、尋常の学校と異なるなし。その法、初めて院に入る者には指を以て「エ、ビ、シ」二十六文字の記号を為すを教ゆ。指の形を色々にして文字の記号を為す様子は日本人の拳を打つ手様の如し。次で他人の言ふとき、その唇、舌、歯、喉の運動を見、或いは之を触れ、その運動を機を効て音声を発することを学ばしむ。既に音声を発することを学べば、他人の言を聞くこと能はずと雖も、唇、舌、歯、喉の動機を見てその語を解し、ともに談話するを得。啞子は天性音声を発する機器の具はらざるに非ず、唯耳の不具などに由て人の言語を聞き之に効て五音を調和することの能はざるものなり。その証拠には喜笑哀哭の声は啞子と雖も常人と異なることなし。

（福沢諭吉全集第一巻＝岩波書店による）

（２）山尾庸三 {やま お ようぞう}

　江戸時代の終わり頃イギリスへ密航した５人の日本の若者がいた（長州五傑）。その中の１人である山尾庸三は造船所で働いているろうあ者たちを見た。

　彼らは働いて、結婚もしている。ろう学校で教育を受けたろうあ者たちだ。山尾は、日本のろうあ者たちとは大違いだと驚いた。

　帰国後、日本にもろうあ学校や盲学校を建てる必要があると政府に意見書（建白書）を出した。

　山尾庸三は聴者で手話はできなかったとされているが、それにもかかわらず、サインネーム（貴族のサッシュ（たすきのようなもの））がろう者の中で伝えられてきた。つまり、手話ができない聴者であっても、サインネームが代々伝えられたということはろう社会（ろうの歴史）にとって山尾の存在は必要だったという証である。

ロンドンの長州藩留学生

（横浜開港資料館所蔵）前列左より井上聞多（馨）・山尾庸三、後列左より遠藤謹助・野村弥吉（井上勝）・伊藤俊輔（博文）

5．明治時代のろう教育―日本初のろう学校の設立

　明治11年（1978年）に古河太四郎が、京都に日本
で初めてのろう学校（京都盲唖院）を設立した。

　山尾庸三を含む楽善会メンバーが東京に設立した
訓盲院（訓盲唖院）で、明治13年（1880年）に授業
が開始された。

（1）京都盲唖院

　「京都盲唖院を設立した古河太四郎とはどういう
人物だったのだろうか？」

山尾庸三のサインネーム

　古河がろうあ学校を設立したのには3つのきっかけがあった。
・その1　投獄されたこと
（池の開発を進める農民に協力して2年間投獄される。しかし、その間に以前見聞き
した「盲人あんま」の惨状や獄窓から目撃したいじめられる聾児の様子から盲聾教育を
決意）
・その2　授産施設の係り
・その3　聾児の教育の相談

古河太四郎

日本最初のろう学校。明治11年京都聾唖院を創設した人。

弘化2年（1845年）　京都に生まれる。
明治2年（1869年）　小学校算術教師となる。
明治6年（1873年）頃　待賢校において聾唖教育に着手する。
明治11年（1878年）　京都で仮盲唖院を創業。
明治12年（1879年）　京都盲唖院、京都府立となる。
明治15年（1882年）　京都府盲唖院の院長に就任。
明治22年（1889年）　依願免職。
明治33年（1900年）　私立大阪盲唖院長となる。
明治40年（1907年）　逝去。
大正2年（1913年）　文部省図書局『古川氏盲
　唖教育法』を発行。

（京都府立盲学校資料室所蔵）

（2）楽善会訓盲院（訓盲唖院）

　明治13年1月から訓盲院の業務を開始させた。同年すぐに聾唖児の教育を始めた。
　明治時代には、盲唖学校は、まだ数が少なかった。当時、汽車やバスがまだ開通して
いないところに通うには、人力車で通学するしかなかった。つまり、ろう学校に通えた

のは一部の金持ちの子どもだけだった。そこ
で、山尾は人力車を支給した。

聴者の子どもは、明治時代の終わり頃には
就学率がほぼ100%になったのに対して、ろう
あの子どもの就学率は次の通りであった。

東京盲唖学校（前・楽善会訓盲院）（筑波大学附属視覚特別支援学校資料室所蔵）

学齢ろうあ児童の就学率

大正12年（1923）

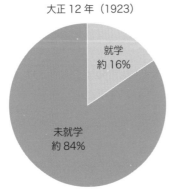

就学
約16%

未就学
約84%

昭和8年（1933）

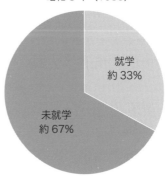

就学
約33%

未就学
約67%

学齢ろうあ児童6258人のうち
就学者980人

学齢ろう児童7960人のうち
就学者2614人

出典：『聾唖年鑑』（発行：聾唖月報者、昭和10年）

6．明治から昭和にかけて活躍したろう者たち

明治時代に聾学校が設立され、活躍したろう者たちがいた。

吉川金造

横尾義智

小岩井是非雄

藤田 威

山中福代

藤本敏文

大家善一郎

三浦 浩

辻本 繁

大原省三

（1）吉川金造（よしかわきんぞう）（1871〜1939）

その中で、第2期生である吉川金造を取り上げてみよう。

日本初のインテグレーション

・横浜市の旧永井小学校卒業後、11歳で楽善会訓盲学院 （後の東京盲唖学校）入学。日本初のろう学校の先生 になった（21歳の時 東京盲唖学校図画科助手、28歳 の時 豊橋盲唖学校）。

・日本で初めてろう者同士で結婚をした（30歳で東京盲 唖学校の後輩の相原八重（28歳）と恋愛結婚。明治時 代は90％が見合結婚だった）。

・日本初のろう者団体「東京盲唖学校唖生同窓会」を結成。

★この人のサインネームは…★

吉川　金造

親指以外の指を立てた右手で、右頬を なでるように２回動かす。

吉川金造の授業風景（『聴覚障害教師の嚆矢 吉川金造先生』愛知県豊橋聾学校創立百周 年記念事業実行委員会、1998年７月発行）

『聴覚障害教師の嚆矢　吉川金造先 生』より

ろう者の結婚

　昭和10年（1935年）に、全国の聾唖学校24校の卒業生が結婚しているかどうかの調査 が行われた。結婚していたのは、男性15％女性19％。

　聾唖学校を卒業した人でも結婚した人は少ない。聾唖学校へ通えなかった人はもっと 結婚できなかった。

　「昔の聾唖者は、結婚する人が少なかったのは、なぜか考 えてみよう。現在のろう者は、いろいろな人と結婚してい る。」

| ろう者♡ろう者 |　| ろう者♡聴者 |　| ろう者♡いろんな人 |

　第２次世界大戦末期のろう者同士の結婚生活の様子は、『名 もなく貧しく美しく』の映画で見ることができる。

『同窓会会報』日本で初め てろう者が作った刊行物

日本初のろう者団体

　東京盲唖学校唖生同窓会。

　第１回卒業生　高木慎之助、第２回卒業生　吉川金造、第５回卒業生　片桐貞吉　以 上の卒業生３人が発起して明治24年（1891年）７月に設立された。

現在のろう者団体

DPRO

NPO法人手話教師
センター

手話文化村

一般社団法人しかく

一般財団法人
全日本ろうあ連盟

日本ろう者劇団

NPO法人
インフォメーション
ギャップバスター

かわせみ交通株式会社

（2）横尾義智（1893-1963）

　日本で唯一のろうあ村長。新潟県小黒村の村長を12年間務めた。かつての小黒村は、今は上越市に合併されている。

★この人のサインネームは…★

横尾 義智
右手人差し指で左手甲をなでるように手前から前に2回動かす。

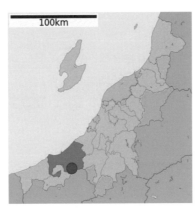

100km

明治26年（1893）新潟県小黒村で生まれる。
生まれつきのろうあ者。
7人いる姉のうち1人がろうあ者。

明治36年（1903）9歳の時、東京盲唖学校へ入学。
明治41年（1908）東京盲唖学校尋常科および図画科卒業（図画科は併修）。
明治45年（1912）故郷の新潟に帰る。
大正4年（1915）父 死去。家督を相続。
大正5年（1916）22歳で塩崎サト（聴者19歳）と見合い結婚。横尾サト夫人は、結婚した当初は夫の義智とは筆談で会話をしていた。次第に夫の義智から手真似・身振りを学び、手話で話せるようになった。後には、通訳ができるようになったと言う。

　横尾のいた小黒村は貧しかった。山奥の豪雪地帯である。平地が少ないから田畑も少ない。米や作物も多くはとれなかった。村民の生活は苦しく、病人がたくさん出るが、高い治療代が払えず、死んでいく村民が多かった。

　大正９年（1920）横尾は村に「信用組合」（銀行、農協のようなもの）を設立した。現金がなくても、物を買って、後で分割で支払うことができるようにした。横尾は初代組合長になった。

大正15年（1926）小黒村消防組初代組長、後に警防団長に就任

昭和８年（1933）村会議員トップ当選

昭和９年（1934）小黒村村長就任

昭和38年（1963）没

　横尾は1934年（昭和９年）２月、全国初の聾唖村長となり、以後、12年間の任期中、村民の救済に全力を注いだ。また、昭和初期から日本聾唖協会の専務理事として、全国をまわり就職面の差別、待遇改善に努めた。

横尾義智氏生家模型（上越市ホームページより）
横尾義智記念館
〒942-0521 新潟県上越市安塚区行野

ビデオを見て学習

７．昭和から令和へ

７-１　ろう教育

（１）手話教育から口話教育へ

　６．までで見てきたように、大正末期（1925年頃）までのろう教育の主流は手話法であったが、その一方で、明治30年代（1900年）頃から一部の学校では指文字、発音の導入を行い、大正期（1912年）に入ってからは読唇指導も試みられるようになった。

　同じ頃、京都、長崎、小樽、広島、大阪市立の盲唖学校でも発音指導が始まった。大正９年（1920年）４月には、欧米で行われていた口話法による教育を行うことを目的として、娘が聴覚障害を持ち、アメリカで口話教育を受けていた宣教師Ａ．Ｋライシャワーが私立日本聾話学校を東京で創立した。

　大正13年（1924年）４月には「盲学校及び聾唖学校令」が施行され、聴覚障害教育は聾唖学校時代に

西川吉之助とはま子

入ると同時に、欧米で行われていた口話法の導入が
図られた。この時期に口話法が広まった原因として
は、海外のろう教育が口話法中心へと移っているこ
とが川本宇之介（1890-1996 東京聾唖学校長）らに
よって伝えられたこと、西川はま子（1916-1957
昭和3（1928）年に滋賀県立聾学校を創立した西川
吉之助の三女）に対する口話教育の成功例が全国に
紹介されたことなどがあげられる。

高橋潔

　昭和8年には、全国盲唖学校長会議に出席した鳩
山一郎文部大臣は、「聾児も日本人たる以上国語の
理解は大切であり、国民思想涵養のためにも全国聾
唖学校では口話教育に奮励努力せよ」との訓示を述
べ、手話が明確に否定された。
　その時期唯一手話による教育を守ろうとしたのが、
高橋潔（たかはしきよし）（1890-1958）大阪聾唖学校校長であった。高橋はろう者にとっての手話の重要
性をいち早く認識し、口話法に向く者には口話法を、手話法に向く者には手話法を用い
る「適性教育」を主張し、口話法を支持する教育者たちとの間に激しい論争を繰り広げ
た。

（2）聴覚口話法を中心とした時期

　昭和20年（1945年）8月の第2次世界大戦敗戦後、教育勅語の廃止および教育基本法
や学校教育法の制定等によって、日本の教育体制が全体として大きく変化し、ろう教育
については、**学校教育法**によって、ろう学校と小中学校の難聴特殊学級が担うことに
なった。
　昭和30年代（1955年以降）に入ると小型で高性能の**補聴器**が全国的に普及し、同時に
後天性のろう児である**ストマイ難聴児**についての研究などから、先天性の重度聴覚障害
児の言語習得には、言語を獲得する幼い時期から、聴覚を活用して言語発達を促す教育
を行う必要があるという認識が広まった。
　そのため、昭和37年度（1962年）には、文部省がろう学校幼稚部の設備補助をはじめ
たことにより幼稚部の計画設置が始まり、昭和40年代や50年代頃には、多くのろう学校
に幼稚部ができ、3歳未満の乳幼児に対しても、教育相談というかたちで、早期教育が
行われるようになった。
　その結果、昭和40年代以降は、聴覚の活用と読話を併用し、音声言語によるコミュニ
ケーションを中心とした**聴覚口話法**が日本全国のろう学校に広まった。

（3）明晴学園の設立へ

　しかし、聴覚口話法による教育の成果は十分ではなく、ろう教育の開始後70年経って
も日本語力も学力も伸び悩み、「9歳の壁」が問題になった。多くのろう者から口話は

意味がないという声が出るようになった。栃木聾学校は同時法という方法を開発し、日本語に合わせて新しく手話を作っていった。同じ頃（1970年代）のアメリカでは子どもに合わせて手話も口話も使おうという**トータルコミュニケーション法**が広まったが、学力も読み書き能力も期待されたほどには上がらなかった。

　日本でも次第に手話も認めようという動きが出てきた。昭和55、56年度（1980、81年）から実施された、小学部、中学部学習指導要領では、「聾学校児童生徒は、音声言語を補うために書記言語を十分駆使する一方、キュード・スピーチ、指文字あるいはサイン言語を積極的に活用することも必要とされる。」とされた。

　また、平成5年（1993年）3月には、聴覚障害児の教育について検討していた文部省の「聴覚障害児のコミュニケーション手段に関する調査研究協力者会議」から報告書が出された。その中で、コミュニケーション指導の1つとして手話の社会的有用性を認識し、中・高等部段階の指導に取り入れることが可能とされた。しかし、ろう学校で使われていたのは日本語対応手話で、それは日本語習得以前のろう児が理解できるものではなかった。1998年にはDpro教育チームが活動を開始し、99年にはそれを引き継ぐ形でフリースクール龍の子学園が開校した。

　2002年には全国ろう児を持つ親の会が『ろう児の人権宣言』を発表した。2003年にはろう児が母語で教育を受ける権利を守るため、日本弁護士連合会に対し、人権救済申立を行った。2007年に東京都が国の構造改革特区に手を挙げ、同年、明晴学園は学校法人・学校設置認可を東京都に申請し、認可された。2008年、バイリンガル・バイカルチュラルろう学校の明晴学園が幼稚部と小学部で開校し、日本初の日本手話ですべての教育活動が行われるろう学校が誕生した。そして2010年には中学部が開校した。

『ろう児の人権宣言』
- 私たちの子どもはろう児です
- ろう児は将来ろう者となります
- ろう児とろう者の母語は日本手話です
- 私たちは子どもの母語環境を保障し、母語で教育を受ける権利を保障します
- 書記日本語を第二言語とするバイリンガル教育を推進します
- ろう児をろう児として育てたいのです
- 人としてろう者としての誇りを大切にしてほしいのです
- 私たちはろう児とろう者の文化があることを理解し、バイカルチュラル教育を推進します

●「聞こえないこと」は不幸ではありません

●私たちはろう児の人権を守ります

『全国ろう児をもつ親の会』は以上を宣言いたします

2002年10月5日

※全国ろう児をもつ親の会は、手話による子育てと教育を求めるろう児の保護者らが2000年に発足した団体。

（4）高等教育

　平成2年（1990年）には聴覚障害学生のための短期大学である、筑波技術短期大学が創設された（翌年には視覚障害学科が設置）。同短期大学は、平成22年（2010年）に4年制大学に移行し、翌年には大学院修士課程が設置された。聴覚障害学生のために、産業技術学部に産業情報学科と総合デザイン学科が置かれている。

7－2　その他のろう運動

　ろうあ者の団体である全日本ろうあ連盟が1947年に群馬県の伊香保で設立された。

（1）旧民法第11条の改正

　1979（昭和54）年までは、ろう者は「準禁治産者（心神耗弱・浪費癖のため、家庭裁判所から禁治産者に準ずる旨の宣告を受けた者。法律の定める重要な財産上の行為についてのみ保佐人の同意を要した。）」と見なされ、住宅ローンの利用や家業を継ぐこともできなかったが、1979年に旧民法が改正され、可能となった。

（2）運転免許の取得

　1968年以降、長い運動を経て、1973（昭和48）年に補聴器装着を条件とした運転が可能となり、平成20年（2008）の道路交通法改正により、補聴器を使用しても合格基準に満たない場合、ワイドミラーの設置や聴覚障害者標識を表示する条件で、普通乗用車に限定した免許を取得することができるようになった。さらに平成24年（2012）以降はワイドミラーや補助ミラーを使うことで貨物を含む普通自動車運転免許も取れるようになった。

（3）欠格条項（障害などの理由で一律に資格や免許を与えないこと）の改正

　2001年には「障害者等に係る欠格事由の適正化を図るための医師法等の一部を改正する法律案」が可決し、27の法律と31の制度の改正により障害者を特定した絶対的欠格条項がなくなった。現在は部分的な制限はつけるが基本的には条件をなくす「相対的欠格条項」への移行を打ち出している。同年、日本初の薬剤師が誕生した。現在では医師も複数存在する。

（4）旧優生保護法をめぐる動き

敗戦後まもない1948年に旧優生保護法が成立した。この法律は本人の同意がなくても、都道府県の審査会に申請し、認められれば、障害者に対して強制不妊の手術が行えるというものである。目的に掲げられていたのは、「不良な子孫の出生を防止する」ことであった。この法律は1996年、国際的な批判もあり、母体保護法へと改正された。聴覚障害者の中にも、不当に手術を受けさせられたとして、国に賠償を求める裁判を起こしている人がいて、裁判は継続している。

（5）手話が言語であることを書いた法律

国連障害者権利条約が2008年5月3日に発効したことに伴い、日本は同条約を批准するために障害者に関する法律の改正を行い、2014年に批准書を寄託、同条約は日本で効力を発生した。

条約批准のために、『**障害者基本法**』の改正（2011（平成23）年8月）、『障害者の日常生活及び社会生活を総合的に支援する法律』（「**障害者総合支援法**」）の成立（2012（平成24）年6月）、『障害を理由とする差別の解消の推進に関する法律』（「**障害者差別解消法**」）の成立及び『障害者の雇用の促進等に関する法律』の改正（2013（平成25）年6月）など、様々な法制度等の整備が行われた。

その中で、『障害者基本法』第3条（地域における共生等）で、「三 全て障害者は、可能な限り、**言語（手話を含む。）** その他の意思疎通のための手段についての選択の機会が確保されるとともに、情報の取得又は利用のための手段についての選択の機会の拡大が図られること。」と規定され、日本の法律の中で、初めて手話が言語であることが明記された。その後、平成30年（2018年）に成立した『ユニバーサル社会の実現に向けた諸施策の総合的かつ一体的な推進に関する法律』（「ユニバーサル社会実現推進法」の第8条四においても、「四 障害者、高齢者等の**言語（手話を含む。）** その他の意思疎通のための手段並びに情報の取得及び利用のための手段を確保すること。」と言語が手話を含むという書き方になっている。令和4年（2022年）には『障害者による情報の取得及び利用並びに意思疎通に係る施策の推進に関する法律』（「障害者情報アクセシビリティ・コミュニケーション施策推進法」）が成立した。この法律に関しては衆議院で付帯決議がついていて、それには、**手話言語法の立法を含め、手話に関する施策の一層の充実の検討を進めること**、と書かれている。

3.5.2　世界のろう（者）の歴史（中2）―自作教材「世界のろう者の歴史」―
（1）ろう教育の始まりとろう学校の設立

　ろう者の歴史は、記録に残る上では、まずろう教育の歴史から始まる。ろう教育の最も初期は、聴者がろうを回復させるという考え方から個人として取り組むことから始まった。

　古くは、スペインの修道士であるポンセ（Pedro Ponce de Leon）が、4人のろう児の指導を行った記録が残っている。書字と指文字でコミュニケーションを行い、ろう児が話すことができるように指導をしたとある。

　16世紀から18世紀後半のヨーロッパでは、ろう児の家族が教会に相談をして、聖職者や医師に個人で依頼するといった家庭教師のような教育が行われた。もっぱら話すことに重点がおかれ、その方法は門外不出とされた。コミュニケーションの方法は書字、指文字、いくつかのサインに絵を組み合わせていたようである。

　18世紀後半から、ヨーロッパ各地にろう学校が設立されるようになる。初めは個人が家庭教師のように教えていたものが、教える対象となる子どもがいろいろなところで発見され、集められるという方法で次第に数が増えていった。それに伴い、1人で教えることが難しくなり、複数の教師で教えるようになっていき、次第に学校のような形ができあがっていった。

第Ⅰ期　1760年以前
聾の子どもには家庭教師のような教育が行われていた

第Ⅱ期　1760年〜1880年　聾学校が次々と設立される
1766年　エジンバラ聾学校（イギリス）
1778年　ライプチヒ聾学校（ドイツ）
1791年　国立パリ聾学校（フランス）※1754年に私設
1817年　アメリカン聾学校（アメリカ）
1880年　ミラノ会議で、口話法が決議される

　この時期のろう教育を語る上で、各地でろう学校を創設した次の3人の教育者のことを語らなければいけない。
　シャルル–ミシェル・ド・レペ（1712-1789　フランス）
　ザムエル・ハイニッケ（1729-1790　ドイツ）
　トーマス・ブレードウッド（1715-1806　イギリス）

シャルル - ミシェル・ド・レペ（Charles-Michel de l'Epee）

　1974年にパリ聾学校創設。手話法（フランス法）による教育。
　ド・レペは1712年11月にフランスのベルサイユに生まれる。彼は聖職者の道を志し、神父になった時期もある。48歳になった時、たまたま訪れた家で、ろうの姉妹に出会っ

たと伝えられる。そのろうの姉妹の身振りでコミュニケーションをとろうとする姿に、彼は、その時すでにパリで使われていた身振り言語、すなわち手話を一定の法則で、フランス語の体系に対応させて教えれば、フランス語と手話との間で共通の概念を理解するようになり、互いの言語が理解できるようになると考えた。彼は「目からの情報は耳から入るもの以上に正確である。思考するのに必ずしも音声言語は必要でなく、視覚的手段でろうあ者を教育することは不可能でない」と考えたのである。そこで、フランス語を指導するために、音声フランス語の文法機能に準じた文法の機能もある程度持った手話を考案し、指文字、書字と組み合わせ指導したのである。次第に多くのろう児が通うようになり、学校が形作られていった。その費用に彼は私財をなげうったのである。ド・レペはこの学校を国立の学校に位置づけようと動いた。彼が生きている内に、この夢は実現しなかったが、彼の死の2年後の1791年にド・レペの興したろう学校を引き継ぐ形で、国立聾唖学院（Institution Nationale des Sourds-Muets）が設立された。それは今の国立パリ聾学校につながっている。彼は後に「手話法の父」と呼ばれるようになる。

ザムエル・ハイニッケ（Samuel Heinicke）

　1778年にライプチヒ聾学校創設。口話法（ドイツ法）による教育。

　ハイニッケは1729年にドイツのザクセンで生まれる。軍役に何度か服し、軍を退役した後に、イエナ大学で学び、学校の教師となった。そこで、1人のろう児と出会った。彼は、ろう児に手話の使用を許さなかった。ろう児の話し言葉の習得を妨げることになると断言し、ろう教育は話し言葉の習得が唯一であるとして、口話法で教えたのである。教えるろう児の数が次第に増えるにしたがって、ろう学校の設立を考えるようになる。そして、1778年にライプチヒにドイツで初めてのろう学校を設立することになる。ハイニッケは、ろう児が聴者社会で生きていくためには、話し言葉が必ず必要になるという立場であり、すべての身振り言語、すなわち手話や指文字を排除した、口話法で教えた。ハイニッケは発音を教えるために発声器官の模型まで使ったのである。

　ハイニッケは、ド・レペとは手紙のやりとりをして、互いのろう教育の方法である、口話法と手話法について論じている。ハイニッケは、ド・レペを彼の学校に招待して実際の口話法を見せようとしたが、ド・レペは応じなかった。ド・レペは彼自身の手話法が優れていることを確信していたからだと言われている。

トーマス・ブレードウッド（Thomas Braidwood）

　1766年にエジンバラ聾学校設立。書記法（スペイン法）による教育。

　ブレードウッドは、1715年にイギリスの南ランカシャーに生まれる。エジンバラ大学で学んだ彼は、学校の教師となるが、偶然に3歳のろう児と出会うことなる。様々なろう教育の方法を研究し、彼自身も指文字を習得して、次第に指導するろう児の数を増やしていき、1766年にろう学校を設立する。彼はポンセらのスペイン法と呼ばれる書字と指文字を使って、発音を学ばせるという指導を行った。ブレードウッドのろう教育の弟子であった、甥のジョセフ・ワトソンは、ブレードウッドの死後となる1809年に『ろうあの指導』という本を出版した。それによって、ブレードウッドのろう児の指導の方法が具体的に知られるようになった。彼は文字と指文字によって発音をさせるという、視覚的手段と口話法を併せた方法で教えたことがわかる。

（2）アメリカにおけるろう教育の歴史

　アメリカでは、1817年にコネチカット州ハートフォードに最初のろう学校が創設された。アメリカのろう教育を語る上で、最も重要な人物は、このアメリカ初のろう学校のろう教師であったローラン・クレールである。クレールの存在が、アメリカ手話や後に創設されるろう者のための大学にも大きく影響を及ぼした。

ローラン・クレール（Louis Laurent Marie Clerc）
－フランスからアメリカへ－

　アメリカのろう教育を語る上で、最も重要な人物は、アメリカ初のろう学校のろう教師であったローラン・クレールである。

　彼は、1785年12月フランスのリヨン近くの村に生まれた。幼い頃、炉端に座っていたところ、余ってイスから落ち、上半身に大きなやけどを負ったため、聴力を失ったとされている。彼のサイン・ネームは、2本指を頬に数回なで下ろすものであった。やけどの跡に由来すると言われている。そんな彼は19世紀初頭にパリの国立ろうあ学校を優秀な成績で卒業した。当時の校長は、ド・レペの意思を継いだ、2代目校長のシカール神父（Roch-Ambroise Cucurron Sicard）であった。彼はすぐに国立ろうあ学校で教壇に立っていたろう教師であるマシュー（Jean Massieu）の助手となった。

　シカール神父は、イギリスで手話法が優れたろう教育の方法であると示すために、数度にわたって、マシューらに公開授業を行わせた。そこへアメリカからろう教育を学びに来ていたトーマス・ホプキンス・ギャローデット（Thomas Hopkins Gallaudet）に

出会ったのである。トーマスはイギリスのブレードウッドのろう学校へ行き、そこでろう教育の方法を学ぼうとしたが、当時のブレードウッドのろう学校の校長であったジョセフ・ワトソンは、門外不出の方法であるブレードウッドのろう教育方法を、彼に教えるのに、長期間学校の教員をすることを課した。トーマスは、そんな長い期間は資金がなくなりとても学べないと思っていたところ、シカール神父に声をかけられ、公開授業を実際に行ったクレールに出会ったのである。トーマスはすぐにフランスに渡り、そこで手話法を3ヵ月間学んだ。そして、クレールを伴ってアメリカに帰国したのである。1816年のことである。アメリカに渡る52日間の船旅で、トーマスはクレールに英語を、クレールはトーマスに手話を教えた。

　アメリカにおける最初のろう学校であるアメリカンろう学校が、1817年にコネチカット州ハートフォードに創設された。ここでクレールは生涯にわたってろう教師としての一生を捧げることになる。1869年にアメリカで亡くなる。

　また、クレールは、アメリカ人のろう者であるイライザ・ボードマン（Eliza Boardman Clerc）と結婚し、6人の子どもをもうけることになる。生まれた国は違っていても夫婦として最後まで添い遂げたと言われている。

　その名前は、今もアメリカのワシントンDCにあるギャローデット大学に附設されている「ローラン・クレール全米ろう教育センター」に残されている。

ギャローデット大学の誕生

　トーマスの8番目の息子であるエドワード・マイナー・ギャローデット（Edward Miner Gallaudet）は、ワシントンDCにあるコロンビアろうあ盲学院の運営をするように、慈善事業家であるエイモス・ケンドール（Amos Kendall）から手紙を受け取ることになる。ケンドールは自分がワシントンDCに所有する土地の一部を寄贈して創設しようと考えていた。エドワードは、当時大学を卒業したばかりの若者であった。彼は、歴史上初めてのろう者のための大学を創設するという夢を持っていた。1857年にコロンビアろうあ盲学院は創設されることになる。エドワードは校長になり、その時の学生の

【創設者】
エドワード・マイナー・ギャローデット（トーマスの8番目の息子）

【署名者】
リンカーン大統領

第8代　キング・ジョーダン学長（ろう者）

数は 5 名であった。エドワードは学生の数を増やすとともに、アメリカ議会に対して、教育効果のデモンストレーションを行い、補助金の増額を要望した。

　そして、アメリカ南北戦争のまっただ中の1864年にアメリカ議会は連邦政府からの補助金を認可し、第16代アメリカ合衆国大統領であるエイブラハム・リンカーン（Abraham Lincoln）が署名したのである。彼はつながれていた鎖から奴隷を解き放った大統領であると同時にろう者に高等教育の門戸を開いた大統領なのである。

　ギャローデット大学は、世界で数少ないろう者だけが入学できる総合大学としてその創設の地であるワシントン DC でろう者の高等教育を行っている。（大学院は聴者でも入学可能）

ミラノ会議──第 2 回世界ろう教育国際会議

　この第 1 回の会議は、1878年のパリ万国博覧会にともなって開催された数多くの国際会議や講演の 1 つであった。当時のヨーロッパ各地のろう学校ではドイツの口話法が優勢になっている中、ド・レペ、シカール神父の考え方を受け継ぐパリの国立ろうあ学校は、手話と口話の併用法を堅持していた。そのためか会議でも、併用法ということで決着をみたようである。しかし、口話法を奨めるイタリア、ドイツやイギリスのろう教育関係者は、第 2 回の会議を1880年にイタリアのミラノで開催することとした。

　第 2 回のミラノ会議では、20時間におよぶ議論が行われたが、最初から最後まで口話法を指示するろう教育関係者が、口話法の優位性を主張し、確認するものであった。会議の参加者は164名いたが、その内、口話法を指示するヨーロッパの関係者が159人であり、手話法（併用法）を指示するアメリカのろう教育関係者はエドワードら 5 名であり、ろう者はその 5 名の中でケンドールろう学校校長のジェームズ・デニソン（James Denison）ただ 1 人であった。話し言葉の優位性を称え、どの国であろうと手話を締め出すという決議に、アメリカ代表以外はすべて賛成票を投じたのである。ミラノ会議の決議は次のとおりである。

> ○　会議は、ろうあ者を社会に統合し、完全な言語知識を与えるためには、手話よりも話し言葉の方が優れていると認める。
> ○　ろうあ者の教育は、口話法が採用されるべきであると宣言する。

　この時から、ろう者の苦難の歴史が、また始まったと言える。この決議が撤回されるには、この130年後の2010年の第21回ろう国際教育会議（バンクーバー会議）での決議を待たなければならなかった。

【参加者は164人】
（欧州159人、米国 5 人）
ろう者はジェームズ・デニソンのみ
（ケンドールろう学校校長）

口話法
賛成　159人
反対　　5人

ローラン・クレールと関わった人たち

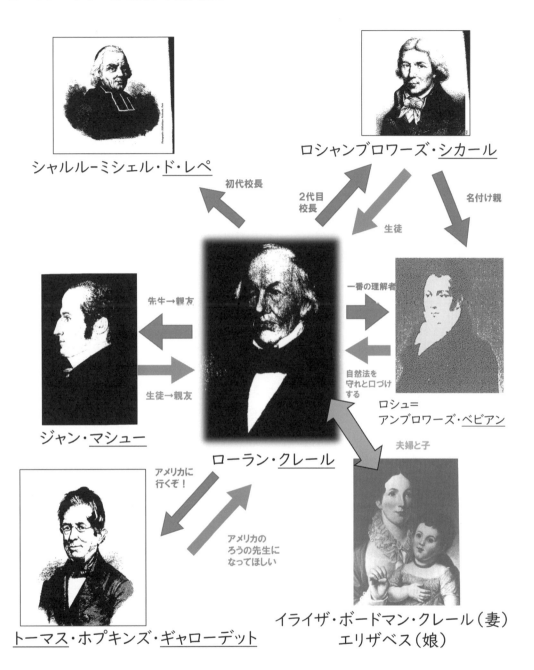

シャルルーミシェル・ド・レペ

ロシャンブロワーズ・シカール

初代校長

2代目
校長

生徒

名付け親

先生→親友

生徒→親友

一番の理解者

自然法を
守れと口づけ
する

ロシュ＝
アンブロワーズ・ベビアン

ジャン・マシュー

ローラン・クレール

アメリカに
行くぞ！

アメリカの
ろうの先生に
なってほしい

夫婦と子

トーマス・ホプキンズ・ギャローデット

イライザ・ボードマン・クレール（妻）
エリザベス（娘）

コラム

マーサズ・ヴィンヤード島について

　「マーサズ・ヴィンヤード島は、マサチューセッツ州南東部の大西洋岸から8キロほど沖合に浮かぶ島である。1640年代に北部人の開拓者が対岸のケープコッドから移住したこの島は、ほとんどの時代で農業・漁業を主産業とする、生活水準のさほど高くない土地だった。だがこの隔離された島には、よそでは見られない特徴があった。この特徴によって、ヴィンヤード島は今日的な意義をもつことになる。島では300年以上にわたり、先天性のろう者の数が飛び抜けて高い比率を示した。これは遺伝性の聴覚障害が原因だった。（中略）

　ヴィンヤード島に限って見られた特徴は何かといえば、それはこうした遺伝の発生に対して社会的に適応してみせたことである。ヴィンヤード島では、300年以上にわたり、健聴者が島の手話を覚え、実生活の場でそれを用いていた。島の健聴児の多くは、ちょうどメキシコとの国境沿いでくらす今日のアメリカの子が英語とスペイン語を覚えてしまうのと同じように、英語と手話という二言語を完全に併用しながら大人になっていった。ろう者の社会生活や職業生活を制限しているのは、聞こえないという障害ではなく、まわりの聴世界との間に立ちはだかる言葉の壁なのだ——ろう者がしばしばこう発言しているのを考えると、ヴィンヤード島で見られた情況には大きな意義があるといえよう。」
（ノーラ・エレン・グロース著、佐野正信訳『みんなが手話で話した島』築地書館「はじめに」より）

　しかし、その後、1817年にコネチカット州のハートフォードに、アメリカ合衆国初のろう者のための学校、コネチカット聾唖教育指導施設（アメリカろう学校の前身）が開設された。これを受けて同島の多数のろう者が同校に入学した。同校の教師はもともとはフランス手話で教授したが、同島出身のろう生徒はマーサズ・ヴィンヤード手話（MVSL）も使い続け、同島以外から来たろう生徒は各自が自身のホームサインを使った。こうしてMVSLを含め、異なる手話体系が同時に使われたことで混ざり合って融合し、今日のアメリカ手話（ASL）と呼ばれる、合衆国最大のろう者の共同言語が生まれた。最後のMVSLの話者は1952年に亡くなり、その時点でMVSLは消滅したと言われる。21世紀の現代では、みんなが手話で話した島というような、ヴィンヤード島の状況はもはや見られない。

　マーサズ・ヴィンヤード島を題材にした小説（著者もろう者）に、『目でみることばで話をさせて』（アン・クレア・レゾット作、横山和江訳、岩波書店）がある。

（3）言語としての手話の発見

　ウィリアム・ストーキー（William C. Stokoe、Jr.）は、ギャローデット大学の教授を務めたアメリカの言語学者である。彼は、1960年に「手話の構造」（Sign Language Structure：An Outline of the Visual Communication Systems of the American Deaf）という論文を発表した。この論文で「手話は世界中の音声言語で見られるのと同じように、それ自身が機能的で強力な独立した構文と文法を持つ、精緻で成長している自然言語である」と述べられている。それまで、手話は身振りの延長であり、規則性もない劣ったコミュニケーション手段であるとみられていた。ストーキーは、ASL が一般に言語であるために必要な、語より小さい単位である音韻構造を持っていることを証明し、ASL が英語とは異なる構造をそなえた自然言語であるということを、言語学者として世界で初めて指摘した。そして、この論文により、手話は言語学の対象となった。彼は、さらにアメリカ手話の辞書（A Dictionary of American Sign Language on Linguistic Principles）も出版する。アメリカ手話には書き言葉がないため、手話を紙の上で書くことができる表記法も開発した。当初、これらの研究が発表された頃は彼の研究の意味は理解されず、評価されたのは10年が経って認知神経学者であるユーソラ・ベルージ（Ursula Bellugi）らによる評価が拡がった1970年代になってからである。現在では、彼は「手話言語学の父」を呼ばれ、手話の言語的地位を高めた功績で、ろう社会に深く尊敬されている。

第Ⅲ期　1881〜2000年

1967年　トータル・コミュニケーション

バイリンガルろう教育（スウェーデンとデンマーク）

1988年　デフ・プレジデント・ナウ（アメリカ）

第Ⅳ期　2001年〜

2010年　バンクーバー会議でミラノ会議の決議を撤回

デフ・プレジデント・ナウⅡ（アメリカ）

2019年　世界ろう者会議（WFD）（フランス）

トータル・コミュニケーションの台頭からバイリンガルろう教育へ

　トータル・コミュニケーション（Total Communication；TC）は、1967年に ロイ・ケイ・ホルコム（Roy Kay Holcomb）によって提唱された。TC は教育の方法ではなく、コミュニケーションを成立させるための理念と考えるべきである。ろう児のコミュニケーションの必要性に応じて、１つまたは複数のコミュニケーション（手話、指文字、口話、聴覚活用、書字）を用いることにより、コミュニケーションを成立させて、教育を行うという考え方であった。それが次第に、手話単語を手指で表出しながら、音声言語を話す同時コミュニケーション（Sim-Com、simultaneous communication）を代表とするコミュニケーション手段で教育を行う方法を示すようになっていたと言える。これは聴者

のろう教育関係者に広く受け入れられた。一方で、ろう児には手話単語を見て、そこに音声言語を当てはめながら解読するような作業を強いる方法であった。しかし、それまで1世紀近く続いた口話法に手話を部分的であっても取り入れる理念の提唱は、ロイがギャローデット大学で学んだろう者であったことからも画期的なことであったとも言える。

　しかし、TCにおいても、結局はろう児に話し言葉の習得を求めるものであった。それがTCの限界でもあった。ここに自然言語としての手話を第一言語として習得させ、第二言語として音声言語の書き言葉を習得させるというバイリンガルろう教育が提唱されるようになる。これは、手話が精緻な構造を有する自然言語であることが手話言語学の進展により明らかになり、さらに、カナダのオンタリオ大学の応用言語学者であるジム・カミンズ（Jim Cummins）によって2つの言語が互いに影響しあって高い認知能力を育てることができるというバイリンガル教育の研究成果が示されたことを背景としている。バイリンガルろう教育では、手話はろう児が最も自然に習得できる言語であり、その手話の習得が、教育の最初の目的になる。

スウェーデン	デンマーク
1970年代初頭 TC（トータルコミュニケーション）の普及 スウェーデンろう教会、親の会、障害者団体とともに「手話の認知デモ」を行う。 政府は大学に手話の研究を依頼。 **1981年** 「ろう者の第一言語は手話」であると、国が決議した。 **1983年** バイリンガルろう教育を施行	**1982年** コペンハーゲン聾学校で実験的にバイリンガルクラスを始める →10年後、好成果をおさめる **1991年** 「ろう者の第一言語は手話」であると、国が決議した。 ↓ すべての聾学校でバイリンガルろう教育を施行

　北欧のスウェーデンでは、口話法が強く支持され、手話は知的障害のあるろう児にのみその使用が認められていた。これに対して、スウェーデンろう連盟は、粘り強くろう学校への手話導入を求めて運動を展開した。スウェーデンでもTCが普及を見せ、手話に対してのろう教育関係者の姿勢が寛容になってきた時機に、ろう児の親の会、他の障害者団体を巻き込み、スウェーデンろう連盟はろう教育への手話導入を求めた。ついに1981年にスウェーデンの国会は「ろう者の第一言語は手話である」と決議を行った。併せてスウェーデン語はろう者の第二言語であることから、1983年にスウェーデンのろう教育にはバイリンガルろう教育を導入することになった。続いて、同じ北欧のデンマークのコペンハーゲンろう学校でも実験的にデンマーク手話と、主として書き言葉としてのデンマーク語によるバイリンガルクラスを設置することになった。10年後にそのクラスに所属していた生徒は華々しい成果を上げたのである。そこで、デンマーク国会も1991年に「ろう者の第一言語は手話である」と決議を行い、デンマーク国内すべてのろ

う学校でバイリンガルろう教育を実施することになった。その後、さらにノルウェー、フィンランドも続いてバイリンガルろう教育を実施することになったようである。

スウェーデンの
バイリンガルろう教育を
受けた人

ストックホルム大学 言語学科 准教授
クリステル・フォンストロム博士

デンマークの
バイリンガルろう教育（Ⅰ期）を
受けた人

世界ろう連盟（WFD）副理事長
カスパー・ベルクマン氏

※人工内耳の普及によって、現在、北欧のろう学校はほとんどなくなってしまった。

方で北米でもバイリンガルろう教育の動きが起こる。特に、ギャローデット大学のロバード・E・ジョンソン（Robert E. Johnson）らが1989年に発表した「カリキュラムからの解放」（Unlocking the Curriculum；Principles for Achieving Access in Deaf Education）は、アメリカ手話と書き言葉としての英語によるバイリンガルろう教育のみが、ろう児の学力の問題を解決する手段であると主張し、アメリカのろう教育界に衝撃を与えた。それ以後、メリーランド州立ろう学校フレデリック校、テキサス州立ろう学校オースティン校、カリフォルニア州立ろう学校フリーモント校、ギャローデット大学の附属学校であるケンドールろう学校など、また、カナダのドゥルーリーろう学校など強力なろう者コミュニティが地域に存在しているろう学校はアメリカ手話と英語のバイリンガルろう教育に移行していく。

「今こそ、ろう者の学長を！」（Deaf President Now!；DPN）

　ギャローデット大学の第6代学長が1987年に辞任した。学長後任の最終候補者3名の内、1名の聴者であったエリザベス・アン・ジンサー（Elisabeth Ann Zinser）が、3月6日に第7代学長に理事会によって任命された。学長候補者の3名の内、他の2名はろう者であったにもかかわらず、ろう教育での経験がほとんどなく、手話もわからない学長が選出された。ギャローデット大学のろう学生は、今度こそろう者の学長選出をと3月1日、そして5日と集会を開いていた。それをまったく無視する形で、聴者の学長が選出されたことに、ろうの学生たちは反発し、大学の正門をバリケードで封鎖して、次の4つの要求を出した。

○　理事会は、直ちにろう者の学長を指名すること。
○　聴者の理事長は、直ちに辞任すること。
○　現時点では17人の聴者と4人のろう者から成り立っている理事会を、理事会メ

ンバーの51％以上がろう者となるように入れ替えること。
○　学生に対していかなる報復行為もしないこと。

　この運動は、ギャローデット大学の教職員と同窓会から全面的に支持された。また、世界中のろう者やアメリカのロチェスターにある国立ろう工科大学の学生300人近くも、この運動に加わり、ろう者だけでなく、アメリカの郵便関係の労働者など一般の人たちからも支持を得て、メディアで連日報道された。

　3月10日には、新学長に指名された聴者は辞任を表明した。これを受けて、3月13日に、新しいろう者の理事長のもと理事会が開催され、第8代学長として、124年のギャローデット大学の歴史の中で初めてのろう者の学長となるアーヴィング・キング・ジョーダン（Irving King Jordan）を任命したのである。

　キング・ジョーダンは就任演説で「ろう者は聞くこと以外は何でもできる」という有名な言葉を引用し、ろう者コミュニティのロールモデルとして注目を集める存在となった。また、DPNは障害者の公民権運動として注目され、1990年の「障害を持つアメリカ人法案」（Americans with Disabilities Act of 1990）の成立にも大きな影響を与えた。

デフ・プレジデント・ナウ　〜1988年3/6〜3/13（アメリカ）〜

【後任の学長候補者の選挙】
①聴者1人、ろう者2人が候補。
②しかし、理事会選挙では手話ができない聴者が選ばれた、ろう者とコミュニケーションを取ろうとしなかった。

運動の
きっかけ

OUR DEMANDS ARE:
DEAF PRESIDENT NOW
END MS SPILMAN'S REIGN
51%

＜4つの要望＞
①ろう学長を直ちに使命すること
②JaneBassettSpilman理事長の辞任
③理事会メンバー（当時聴者17人、ろう者4人）をろう者が51％に！
④いかなる報復行為もしないこと。

デフ・プレジデント・ナウ運動の後、初のろう学長が誕生！

Deaf people
can do
anything
except hear.
（ろう者は聞くこと以外
は何でもできる。）

第8代　キング・ジョーダン学長
（ろう者）

ニカラグア手話の誕生について
（歴史上はじめて、学者たちが目撃した言語の誕生）

　ニカラグア手話はニカラグア共和国において、1970年代から80年代にかけて自然発生的に誕生した視覚言語である。ニカラグアにおける聴覚障害者の公式の意思疎通手段であり、第一言語として定められている。

　ニカラグア手話は歴史上はじめて学者たちによって誕生の瞬間が目撃された言語であるとされる。

　サンディニスタ革命（1977年）により誕生した新政府の政策のひとつとして掲げられた「識字率の向上」をきっかけとして、1983年、首都マナグアの２つの全寮制の学校に聴覚障害を持つ思春期の少年少女約400人が集められた。

　児童たちは、それまで家庭内において必要最低限の事項を伝達するために用いていたパントマイム的な手真似（ホームサイン）を用いていた。マナグアに集められた彼らは、こうした独自の手真似を用い、他の児童とのコミュニケーションを図り、手真似の中からいくつかの原始的なピジン言語が誕生した。

　アメリカから派遣された言語学者のケーグルは年長者の使用する手話よりも年少者の使用する手話が明らかに複雑であり、ニュアンスに富んでいて、クレオール化が発生していることを発見した。最初の在校生たちは各家庭での手真似をすり合わせて初歩的なピジン言語を作り出したが、そのあとから入学した５、６歳の子どもたちが先輩らからピジン言語を習い、はるかに複雑で洗練された言語へと進化させたのである。

　ニカラグア手話の誕生は「人間が言語を生み出すための能力は、生得的である」というノーム・チョムスキーをはじめとする言語学者たちの意見（「言語獲得装置」仮説）を裏付ける画期的なものとなった。

（4）バンクーバー会議──第21回世界ろう教育国際会議

　ついに、第２回ミラノ会議の決議が撤回される時が来たのである。2010年にカナダのバンクーバーで開催されたこの会議では、「ろう市民は、多様性と創造性を受容する諸社会に積極的に貢献している。教育、経済活動、政治、芸術、文学の分野で、自国の価値を高めている。ろう者にとって、すべての社会に必要不可欠な、言語的・文化的少数派として認知されることは、不可譲の権利である。したがって、すべての国家は、ろう者を含むすべての市民を認知し、参加を促進することが急務である」と発表され、次の３点を声明として宣言したのである。

　しかし、現在のろう教育は急速な人工内耳手術の普及により、音声言語への習得を第一の目標とする口話法への回帰がみられる。また、海外ではインクルーシブ教育という考え方のもと、ろう学校が解体されて地域の学校への統合が行われたりしている現状がある。

○ ろう児の教育プログラムにおける手話使用を否定したミラノ会議でのすべての議決を却下する。
○ ミラノ会議の与えた有害な影響を認め、心より遺憾に思う。
○ ろう教育のプログラムは、すべての言語とコミュニケーション方法を受け入れ、それに対して敬意を払うことを確実にするために、すべての国家に呼びかける。

手話を使って、宣言！
130年前では考えられないこと！

明晴学園の生徒が世界に！──第18回世界ろう者会議（フランス）

　世界ろう連盟（World Federation for the Deaf；WFD）は、その活動の目的を「「ろう」に対する誤解や偏見をなくし、社会のろう者に対する態度を変えていく。」「ろう者はいかなる時にも、手話を使う権利を有している。手話はろう者の第一言語である」とし、世界中のおよそ120ヵ国が加盟しているろう者の国際組織である。本部はフィンランドのヘルシンキに置かれ、1951年に設立された。その世界ろう連盟が主催し、世界中のろう者が集い、ろう者に関する様々な課題について議論を行う、世界ろう者会議はおおよそ4年に一度開催されている。1991年の世界ろう者会議は日本の東京で開催された。その時は、「北欧のバイリンガル教育」に、これこそがろう者が中心となった教育であると感動するだけであった。あれから20年以上が経った。日本で唯一のバイリンガルろう教育を実践している学校として、明晴学園が2019年にフランスのパリで開催された第18回世界ろう者会議で壇上に立ったのである。明晴学園の森田明教頭が「明晴学園の教育」について発表を行い、その後には、明晴学園の生徒会がステージで手話ポエムを披露した。会場は大きな拍手でいっぱいになったのであった。

「明晴学園の教育」を森田明教頭が発表

明晴学園の生徒会が手話ポエムを披露！

【参考文献】
ペール・エリクソン著、中野義達・松藤みどり翻訳『聾の人びとの歴史』明石書店、2003年
ハーラン・レイン著、前田浩監修、斉藤渡翻訳『手話の歴史（上・下）』築地書館、2018年
ノーラ・エレン グロース著、佐野正信翻訳『みんなが手話で話した島』築地書館、1991年
アン・クレア・レゾット著、横山和江翻訳『目で見ることばで話をさせて』岩波書店、2022年

第4章 明晴学園の教育課程

明晴学園が認可を受けている「手話科」の教育課程は以下のとおりである。

4.1　小学部の手話科

第1　目標

第一言語としての手話による見方・考え方を働かせ、手話による言語活動を通して、手話で正確に理解し適切に表現する資質・能力を次のとおり育成することを目指す。

1　日常生活に必要な手話について、その特質を理解し適切に使うことができるようにする。

2　日常生活における人との関わりの中で伝え合う力を高め、思考力や想像力を養う。

3　手話がもつよさを認識するとともに、言語感覚を養い、手話の大切さを自覚し、手話を尊重してその能力の向上を図る態度を養う。

第2　各学年の目標及び内容

（第1学年及び第2学年）

１．目標

1　日常生活に必要な手話の知識や技能を身に付けるとともに、我が国の手話文化に親しんだり理解したりすることができるようにする。

2　順序立てて考える力や感じたり想像したりする力を養い、日常生活における人との関わりの中で伝え合う力を高め、自分の思いや考えをもつことができるようにする。

3　手話がもつよさを感じるとともに、手話を楽しみ、手話を大切にして、思いや考えを伝え合おうとする態度を養う。

4　日本手話と日本語が別の言語であることを理解し、手話の特徴やその構造に興味、関心をもつように育てる。

２．内容

（知識及び技能）

⑴　手話の特徴や使い方に関する次の事項を身に付けることができるよう指導する。

ア　手話には、事物の内容を表す働きや、経験したことを伝える働きがあることに気付くこと。

イ　身近なことを表す語句の量を増し、話や語りの中で使うとともに、手話には意味に

よる語句のまとまりがあることに気付き、語彙を豊かにすること。

ウ　文の中における主語と述語との関係に気付くこと。

エ　丁寧な手話と普通の手話との違いに気を付けて使う。

オ　語のまとまりや手話の強弱、リズムなどに気を付けて表現すること。

⑵　話や文章に含まれている情報の扱い方に関する次の事項を身に付けることができるよう指導する。

ア　共通、相違、事柄の順序など情報と情報との関係について理解すること。

⑶　我が国の手話文化に関する次の事項を身に付けることができるよう指導する。

ア　昔のろう者の手話語りなどを見るなどして、我が国の伝統的な手話文化に親しむこと。

イ　長く親しまれている手話遊びを通して、手話の豊かさに気付くこと。

ウ　手話に親しみ、いろいろな手話があることを知ること。

〔思考力、判断力、表現力等〕

A　話すこと・聞くこと

⑴　話すこと・聞くことに関する次の事項を身に付けることができるよう指導する。

ア　身近なことや経験したことなどから話題を決め、伝え合うために必要な事柄を選ぶこと。

イ　相手に伝わるように、行動したことや経験したことに基づいて、話す事柄の順序を考えること。

ウ　伝えたい事柄や相手に応じて、手話の大きさや速さなどを工夫すること。

エ　話し手が知らせたいことや自分が聞きたいことを落とさないように集中して聞き、話の内容を捉えて感想をもつこと。

オ　互いの話に関心をもち、相手の発言を受けて話をつなぐこと。

⑵　⑴に示す事項については、例えば、次のような手話による言語活動を通して指導するものとする。

ア　紹介や説明、報告など伝えたいことを話したり、それらを聞いて手話にして確かめたり感想を述べたりする活動。

イ　尋ねたり応答したりするなどして、少人数で話し合う活動。

〔第3学年及び第4学年〕

1．目標

1　日常生活に必要な手話の知識や技能を身に付けるとともに、我が国の手話文化に親しんだり理解したりすることができるようにする。

2　筋道立てて考える力や豊かに感じたり想像したりする力を養い、日常生活における

人との関わりの中で伝え合う力を高め、自分の思いや考えをまとめることができるようにする。

3　手話がもつよさに気付くとともに、幅広く手話を鑑賞し、手話を大切にして、思いや考えを伝え合おうとする態度を養う。

4　聴者とろう者の違いを知り、お互いの文化を尊重する態度を育てる。

2．内容

〔知識及び技能〕

⑴　手話の特徴や使い方に関する次の事項を身に付けることができるよう指導する。

ア　手話には、考えたことや思ったことを表す働きがあることに気付くこと。

イ　相手を見て話したり聞いたりするとともに、手話の抑揚や強弱、間の取り方などに注意して話すこと。

ウ　様子や行動、気持ちや性格を表す語句の量を増し、話や語りの中で使うとともに、手話には性質や役割による語句のまとまりがあることを理解し、語彙を豊かにすること。

エ　主語と述語との関係、修飾と被修飾との関係、指示する語句と接続する語句の役割、段落の役割について理解すること。

オ　丁寧な手話を使うとともに、敬体と常体との違いに注意しながら話すこと。

カ　語り全体の構成や内容の大体を意識しながら表現すること。

⑵　話や語りに含まれている情報の扱い方に関する次の事項を身に付けることができるよう指導する。

ア　考えとそれを支える理由や事例、全体と中心など情報と情報との関係について理解すること。

イ　比較や分類の仕方、必要な語句などに対する着目の仕方、引用の仕方や出典の示し方、辞書や事典の使い方を理解し使うこと。

⑶　我が国の手話文化に関する次の事項を身に付けることができるよう指導する。

ア　易しい手話ポエムや手話語りを鑑賞したり暗唱したりするなどして、手話の響きやリズムに親しむこと。

イ　長い間使われてきた手話の語彙などの意味を知り、使うこと。

ウ　幅広く手話に親しむこと。手話が、必要な知識や情報を得ることに役立つことに気付くこと。

〔思考力、判断力、表現力等〕

A　話すこと・聞くこと

⑴　話すこと・聞くことに関する次の事項を身に付けることができるよう指導する。

ア　目的を意識して、日常生活の中から話題を決め、集めた材料を比較したり分類したりして、伝え合うために必要な事柄を選ぶこと。

イ　相手に伝わるように、理由や事例などを挙げながら、話の中心が明確になるよう話の構成を考えること。

ウ　話の中心や話す場面を意識して、手話の抑揚や強弱、間の取り方などを工夫すること。

エ　必要なことを記録したり質問したりしながら聞き、話し手が伝えたいことや自分が聞きたいことの中心を捉え、自分の考えをもつこと。

オ　目的や進め方を確認し、司会などの役割を果たしながら話し合い、互いの意見の共通点や相違点に着目して、考えをまとめること。

⑵　⑴に示す事項については、例えば、次のような手話による言語活動を通して指導するものとする。

ア　説明や報告など調べたことを話したり、それらを聞いたりする活動。

イ　質問するなどして情報を集めたり、それらを発表したりする活動。

ウ　互いの考えを伝えるなどして、グループや学級全体で話し合う活動。

〔第5学年及び第6学年〕

１．目標

1　日常生活に必要な手話の知識や技能を身に付けるとともに、我が国の手話文化に親しんだり理解したりすることができるようにする。

2　筋道立てて考える力や豊かに感じたり想像したりする力を養い、日常生活における人との関わりの中で伝え合う力を高め、自分の思いや考えを広げることができるようにする。

3　手話がもつよさを認識するとともに、進んで手話を鑑賞し、手話の大切さを自覚して、思いや考えを伝え合おうとする態度を養う。

4　物語を作ることに興味・関心をもち、主体的に創作しようとする態度を育てる。

２．内容

〔知識及び技能〕

⑴　手話の特徴や使い方に関する次の事項を身に付けることができるよう指導する。

ア　手話には、相手とのつながりをつくる働きがあることに気付くこと。

イ　話し言葉と書き言葉（推敲の機能をもつ手話）との違いに気付くこと。

ウ　思考に関わる語句の量を増し、話や文章の中で使うとともに、語句と語句との関係、語句の構成や変化について理解し、語彙を豊かにすること。また、語感や手話の使い方に対する感覚を意識して、語や語句を使うこと。

エ　語りの中での語句の係り方や語順、文と文との接続の関係、話や語りの構成や展開、話や語りの種類とその特徴について理解すること。

オ　日常よく使われる敬語を理解し使い慣れること。

カ　比喩や反復などの表現の工夫に気付くこと。

キ　日本語の文章を手話に翻訳すること。

⑵　話や語りに含まれている情報の扱い方に関する次の事項を身に付けることができるよう指導する。
ア　原因と結果など情報と情報との関係について理解すること。
イ　情報と情報との関係付けの仕方、図などによる語句と語句との関係の表し方を理解し使うこと。

⑶　我が国の手話文化に関する次の事項を身に付けることができるよう指導する。
ア　親しみやすい古文や漢文、近代以降の文語調の文章を表現・翻訳するなどして、手話の響きやリズムに親しむこと。
イ　昔の手話語りの映像を見たり作品の内容の大体を知ったりすることを通して、昔のろう者のものの見方や感じ方を知ること。
ウ　語句の由来などに関心をもつとともに、時間の経過による言葉の変化や世代による手話の違いに気付き、共通語と方言との違いを理解すること。また、手話の由来、特質などについて理解すること。

〔思考力、判断力、表現力等〕
A　話すこと・聞くこと
⑴　話すこと・聞くことに関する次の事項を身に付けることができるよう指導する。
ア　目的や意図に応じて、日常生活の中から話題を決め、集めた材料を分類したり関係付けたりして、伝え合う内容を検討すること。
イ　話の内容が明確になるように、事実と感想、意見とを区別するなど、話の構成を考えること。
ウ　資料を活用するなどして、自分の考えが伝わるように表現を工夫すること。
エ　話し手の目的や自分が聞こうとする意図に応じて、話の内容を捉え、話し手の考えと比較しながら、自分の考えをまとめること。
オ　互いの立場や意図を明確にしながら計画的に話し合い、考えを広げたりまとめたりすること。

⑵　⑴に示す事項については、例えば、次のような手話による言語活動を通して指導するものとする。
ア　意見や提案など自分の考えを話したり、それらを聞いたりする活動。
イ　インタビューなどをして必要な情報を集めたり、それらを発表したりする活動。
ウ　それぞれの立場から考えを伝えるなどして話し合う活動。

第3　領域の指導内容
⑴　第2章第2節（※明晴学園教育課程）の手話の領域「表現・理解（言語技術）」に

ついては、上記の第2の各学年の目標及び内容に基づき、適切な指導をすること。

⑵ 第2章第2節（※明晴学園教育課程）の手話の領域「文法（言語構造）」「物語・文学（ろう文化）」については、下記に基づいて適切な指導をすること。

【文法（言語構造）】

育てたい力

・手話の特徴を知り、自分の中にある思いを言語化して表明するために必要な語彙を理解し、効果的に使うことができるようにする。

学年	文法	語彙
小1・2	・基本的な理解（語順、NMs、CL 等） ・状況を正確に表現する	・手型の分類 ・基本語彙を増やす
小3・4	・修飾の関係、形容詞、副詞の理解	・手型の分析 ・オノマトペ（→ CL 構文）の使用
小5・6	・NMs の分析 ・CL、RS の理解 ・複文、関係節を知る	・手話の慣用句（ex: 目 / 安い） ・類義語

【物語・文学（ろう文化）】

育てたい力

・ろう者にとって音楽的要素の強い手話リズム、演劇等の活動を通して、進んで表現する力を育て、豊かな情操を養う。

・ろう者と聴者の文化（生活、行動様式、音楽・美術などの芸術活動）の違いを知り、互いの理解を深める。

学年	項目	内容
小1・2	手話文学	・昔話や童話などの読み聞かせを楽しむ ・手話リズムなどを通して、表現の楽しさに気付く
	ハルミブック（ろう者学）	ろう者・サインネーム・呼び方・肩をたたく・見ることが大切・音について・スリッパ・ランプ・小窓つきのドア・マナー・おじいちゃん・反応・ろうと聴の違い・注目する方法・手話しながらの食事
	複文化を学ぶ	ろう者と聴者の生活の違いを知る
小3・4	手話文学	・色々な物語に興味をもち、見る ・手話劇を見て楽しむ ・指文字や数字を使った手話語りを考える ・あらすじや感想を相手に分かるように伝える
	ハルミブック（ろう者学）	討論・解決方法・電車の中での座り方・複数のろう者との挨拶・聴兄弟の通学・筆談体験・仕方がない・ろうの親戚・ろうの従兄弟・一人旅について・コミュニケーション・情報の入り方・目の人・視野が広い
	複文化を学ぶ	・ろう者と聴者の行動の違いを知る ・聴者の音楽や表現活動について興味をもつ

小5・6	手話文学	・色々な物語に興味をもち、見る ・手話劇を見て楽しむ ・指文字や数字を使った手話語りを考える ・あらすじや感想を相手に分かるように伝える
	ハルミブック	語りのスタイル・ろう者と聴者の間の情報交換について・手話学習者について・手話ができる聴者・身振り・ホームサイン・手話通訳者・コーダ・手話通訳を介した場面・異文化・外国手話について・ろう文化について・外国のサインネーム・野球のアウト・セーフは ASL から生まれた
	ろう者学	・ろう偉人（ろう歴史の入り口）
	複文化を学ぶ	・外国の手話（ASL など）について興味をもつ ・楽器、楽曲、音階など、音楽に関する基礎的な知識と理解を深める

第4　指導計画の作成と内容の取扱い

1　指導計画の作成に当たっては、次の事項に配慮するものとする。

(1)　単元など内容や時間のまとまりを見通して、その中で育む資質・能力の育成に向けて、児童の主体的・対話的で深い学びの実現を図るようにすること。その際、手話による見方・考え方を働かせ、手話による言語活動を通して、手話の特徴や使い方などを理解し自分の思いや考えを深める学習の充実を図ること。

(2)　第2の各学年の内容の指導については、必要に応じて当該学年より前の学年において初歩的な形で取り上げたり、その後の学年で程度を高めて取り上げたりするなどして、弾力的に指導すること。

(3)　第2の各学年の内容の〔知識及び技能〕に示す事項については、〔思考力、判断力、表現力等〕に示す事項の指導を通して指導することを基本とし、必要に応じて、特定の事項だけを取り上げて指導したり、それらをまとめて指導したりするなど、指導の効果を高めるよう工夫すること。なお、その際、第1節総則の第2の3の(2)のウの（イ）（※明晴学園教育課程）に掲げる指導を行う場合には、当該指導のねらいを明確にするとともに、単元など内容や時間のまとまりを見通して資質・能力が偏りなく育成されるよう計画的に指導すること。

(4)　第2の各学年の内容の〔思考力、判断力、表現力等〕の「A話すこと・聞くこと」に関する指導については、意図的、計画的に指導する機会が得られるように、第1学年及び第2学年では年間35単位時間程度、第3学年及び第4学年では年間30単位時間程度、第5学年及び第6学年では年間25単位時間程度を配当すること。その際、手話のための教材を活用するなどして指導の効果を高めるよう工夫すること。

(5)　低学年においては、第1節総則の第2の4の(1)（※明晴学園教育課程）を踏まえ、他教科等との関連を積極的に図り、指導の効果を高めるようにするとともに、幼稚部教

育課程等に示す幼児期の終わりまでに育ってほしい姿との関連を考慮すること。特に、小学部入学当初においては、生活科を中心とした合科的・関連的な指導や、弾力的な時間割の設定を行うなどの工夫をすること。

(6)　言語能力の向上を図る観点から、外国語活動及び外国語科など他教科等との関連を積極的に図り、指導の効果を高めるようにすること。

(7)　その他の障害のある児童などについては、学習活動を行う場合に生じる困難さに応じた指導内容や指導方法の工夫を計画的、組織的に行うこと。

(8)　第1節総則の第1の2の(2)（※明晴学園教育課程）に示す道徳教育の目標に基づき、市民科などとの関連を考慮しながら、第6章市民科の第2（※明晴学園教育課程）に示す内容について、手話科の特質に応じて適切な指導をすること。

2　第2の内容の取扱いについては、次の事項に配慮するものとする。
(1)　〔知識及び技能〕に示す事項については、次のとおり取り扱うこと。
ア　日常の手話による言語活動を振り返ることなどを通して、児童が、実際に話したり聞いたりする場面を意識できるよう指導を工夫すること。
イ　理解したり表現したりするために必要な語句については、辞書や事典を利用して調べる活動を取り入れるなど、調べる習慣が身に付くようにすること。

(2)　第2の内容の指導に当たっては、児童がコンピュータや情報通信ネットワークを積極的に活用する機会を設けるなどして、指導の効果を高めるよう工夫すること。

(3)　第2の内容の指導に当たっては、学校図書館などを目的をもって計画的に利用しその機能の活用を図るようにすること。その際、本などの種類や配置、探し方について指導するなど、児童が必要な本などを選ぶことができるよう配慮すること。なお、児童が読む図書については、人間形成のため偏りがないよう配慮して選定すること。

3　教材については、次の事項に留意するものとする。
(1)　第2の各学年の内容の〔思考力、判断力、表現力等〕の「A話すこと・聞くこと」のそれぞれの(2)に掲げる手話による言語活動が十分行われるよう教材を選定すること。

(2)　教材は、次のような観点に配慮して取り上げること。
ア　手話に対する関心を高め、手話を尊重する態度を育てるのに役立つこと。
イ　伝え合う力、思考力や想像力及び言語感覚を養うのに役立つこと。
ウ　公正かつ適切に判断する能力や態度を育てるのに役立つこと。
エ　科学的、論理的に物事を捉え考察し、視野を広げるのに役立つこと。

オ　生活を明るくし、強く正しく生きる意志を育てるのに役立つこと。

カ　生命を尊重し、他人を思いやる心を育てるのに役立つこと。

キ　自然を愛し、美しいものに感動する心を育てるのに役立つこと。

ク　我が国の伝統と文化に対する理解と愛情を育てるのに役立つこと。

ケ　日本人としての自覚をもって国を愛し、国家、社会の発展を願う態度を育てるのに役立つこと。

コ　世界の風土や文化などを理解し、国際協調の精神を養うのに役立つこと。

4.2　中学部の手話科

第1　目　標

　第一言語としての手話による見方・考え方を働かせ、言語活動を通して、手話で正確に理解し適切に表現する資質・能力を次のとおり育成することを目指す。

1　社会生活に必要な手話について、その特質を理解し適切に使うことができるようにする。

2　社会生活における人との関わりの中で伝え合う力を高め、思考力や想像力を養う。

3　手話がもつ価値を認識するとともに、言語感覚を豊かにし、我が国の手話文化に関わり、手話を尊重してその能力の向上を図る態度を養う。

第2　各学年の目標及び内容

〔第1学年〕

１．目　標

1　社会生活に必要な手話の知識や技能を身に付けるとともに、我が国の手話文化に親しんだり理解したりすることができるようにする。

2　筋道立てて考える力や豊かに感じたり想像したりする力を養い、日常生活における人との関わりの中で伝え合う力を高め、自分の思いや考えを確かなものにすることができるようにする。

3　手話がもつ価値に気付くとともに、進んで手話を楽しみ、我が国の手話文化を大切にして、思いや考えを伝え合おうとする態度を養う。

4　日本手話と日本語が別の言語であることを理解し、手話の特徴やその構造を分析し、説明できるように育てる。

２．内　容

〔知識及び技能〕

⑴　手話の特徴や使い方に関する次の事項を身に付けることができるよう指導する。

ア　音韻の働きや仕組みについて、理解を深めること。

イ　事象や行為、心情を表す語句の量を増すとともに、語句の辞書的な意味と文脈上の

意味との関係に注意して話の中で使うことを通して、語感を磨き語彙を豊かにすること。
ウ　単語の類別について理解するとともに、指示する語句と接続する語句の役割について理解を深めること。
エ　比喩、反復、倒置、体言止め（Wh分裂文）などの表現の技法を理解し使うこと。

⑵　話に含まれている情報の扱い方に関する次の事項を身に付けることができるよう指導する。
ア　原因と結果、意見と根拠など情報と情報との関係について理解すること。
イ　比較や分類、関係付けなどの情報の整理の仕方、引用の仕方や出典の示し方について理解を深め、それらを使うこと。

⑶　我が国の手話文化に関する次の事項を身に付けることができるよう指導する。
ア　手話語りに必要なきまりを知り、昔の手話などを見て、手話特有のリズムを通して、昔の手話の世界に親しむこと。
イ　昔の手話には様々な種類の作品があることを知ること。
ウ　共通語と方言の果たす役割について理解すること。
エ　様々な手話動画を見ることが、知識や情報を得たり、自分の考えを広げたりすることに役立つことを理解すること。

〔思考力、判断力、表現力等〕

A　話すこと・聞くこと
⑴　話すこと・聞くことに関する次の事項を身に付けることができるよう指導する。
ア　目的や場面に応じて、日常生活の中から話題を決め、集めた材料を整理し、伝え合う内容を検討すること。
イ　自分の考えや根拠が明確になるように、話の中心的な部分と付加的な部分、事実と意見との関係などに注意して、話の構成を考えること。
ウ　相手の反応を踏まえながら、自分の考えが分かりやすく伝わるように表現を工夫すること。
エ　必要に応じて記録したり質問したりしながら話の内容を捉え、共通点や相違点などを踏まえて、自分の考えをまとめること。
オ　話題や展開を捉えながら話し合い、互いの発言を結び付けて考えをまとめること。

⑵　⑴に示す事項については、例えば、次のような言語活動を通して指導するものとする。
ア　紹介や報告など伝えたいことを話したり、それらを聞いて質問したり意見などを述べたりする活動。
イ　互いの考えを伝えるなどして、少人数で話し合う活動。

〔第2学年〕

1．目　標

1　社会生活に必要な手話の知識や技能を身に付けるとともに、我が国の手話文化に親しんだり理解したりすることができるようにする。

2　論理的に考える力や共感したり想像したりする力を養い、社会生活における人との関わりの中で伝え合う力を高め、自分の思いや考えを広げたり深めたりすることができるようにする。

3　手話がもつ価値を認識するとともに、手話を生活に役立て、我が国の手話文化を大切にして、思いや考えを伝え合おうとする態度を養う。

4　聴者とろう者の違いを知り、お互いの文化を尊重する態度とともに、違いを説明できるようにする。

2．内　容

〔知識及び技能〕

⑴　手話の特徴や使い方に関する次の事項を身に付けることができるよう指導する。

ア　手話には、相手の行動を促す働きがあることに気付くこと。

イ　話し言葉と書き言葉（推敲の機能をもつ手話）の特徴について理解すること。

ウ　抽象的な概念を表す語句の量を増すとともに、類義語と対義語、同音義語や多義的な意味を表す語句などについて理解し、話や語りの中で使うことを通して、語感を磨き語彙を豊かにすること。

エ　単語の活用、NM などの働き、文の成分の順序や照応など文の構成について理解するとともに、話や語りの構成や展開について理解を深めること。

オ　敬語の働きについて理解し、話や語りの中で使うこと。

⑵　話や語りに含まれている情報の扱い方に関する次の事項を身に付けることができるよう指導する。

ア　意見と根拠、具体と抽象など情報と情報との関係について理解すること。

イ　情報と情報との関係の様々な表し方を理解し使うこと。

⑶　我が国の手話文化に関する次の事項を身に付けることができるよう指導する。

ア　作品の特徴を生かして朗読するなどして、昔の手話の世界に親しむこと。

イ　現代語訳や語注などを手掛かりに作品を読むことを通して、昔の手話に表れたものの見方や考え方を知ること。

ウ　様々な手話動画などには、様々な立場や考え方が書かれていることを知り、自分の考えを広げたり深めたりすることに生かすこと。

〔思考力、判断力、表現力等〕

A　話すこと・聞くこと

⑴　話すこと・聞くことに関する次の事項を身に付けることができるよう指導する。

ア　目的や場面に応じて、社会生活の中から話題を決め、異なる立場や考えを想定しながら集めた材料を整理し、伝え合う内容を検討すること。

イ　自分の立場や考えが明確になるように、根拠の適切さや論理の展開などに注意して、話の構成を工夫すること。

ウ　資料や機器を用いるなどして、自分の考えが分かりやすく伝わるように表現を工夫すること。

エ　論理の展開などに注意して聞き、話し手の考えと比較しながら、自分の考えをまとめること。

オ　互いの立場や考えを尊重しながら話し合い、結論を導くために考えをまとめること。

⑵　⑴に示す事項については、例えば、次のような言語活動を通して指導するものとする。

ア　説明や提案など伝えたいことを話したり、それらを聞いて質問や助言などをしたりする活動。

イ　それぞれの立場から考えを伝えるなどして、議論や討論をする活動。

〔第3学年〕

1．目　標

1　社会生活に必要な手話の知識や技能を身に付けるとともに、我が国の手話文化に親しんだり理解したりすることができるようにする。

2　論理的に考える力や深く共感したり豊かに想像したりする力を養い、社会生活における人との関わりの中で伝え合う力を高め、自分の思いや考えを広げたり深めたりすることができるようにする。

3　手話がもつ価値を認識するとともに、手話を通して自己を向上させ、我が国の手話文化に関わり、思いや考えを伝え合おうとする態度を養う。

4　物語を作ることに興味・関心をもち、主体的に創作しようとする態度を育てる。

2．内　容

〔知識及び技能〕

⑴　手話の特徴や使い方に関する次の事項を身に付けることができるよう指導する。

ア　理解したり表現したりするために必要な語句の量を増し、慣用表現や日本手話らしい表現などについて理解を深め、話や語りの中で使うとともに、語感を磨き語彙を豊かにすること。

イ　話の種類とその特徴について理解を深めること。

ウ　敬語などの相手や場に応じた言葉遣いを理解し、適切に使うこと。

⑵　話や語りに含まれている情報の扱い方に関する次の事項を身に付けることができる

よう指導する。

ア　具体と抽象など情報と情報との関係について理解を深めること。

イ　情報の信頼性の確かめ方を理解し使うこと。

⑶　我が国の手話文化に関する次の事項を身に付けることができるよう指導する。

ア　歴史的背景などに注意して昔の手話を見ることを通して、その世界に親しむこと。

イ　長く親しまれている言葉や昔の手話の一節を引用するなどして使うこと。

ウ　時間の経過による言葉の変化や世代による言葉の違いについて理解すること。

エ　自分の生き方や社会との関わり方を支える手話動画の意義と効用について理解すること。

〔思考力、判断力、表現力等〕

A　話すこと・聞くこと

⑴　話すこと・聞くことに関する次の事項を身に付けることができるよう指導する。

ア　目的や場面に応じて、社会生活の中から話題を決め、多様な考えを想定しながら材料を整理し、伝え合う内容を検討すること。

イ　自分の立場や考えを明確にし、相手を説得できるように論理の展開などを考えて、話の構成を工夫すること。

ウ　場の状況に応じて言葉を選ぶなど、自分の考えが分かりやすく伝わるように表現を工夫すること。

エ　話の展開を予測しながら聞き、聞き取った内容や表現の仕方を評価して、自分の考えを広げたり深めたりすること。

オ　進行の仕方を工夫したり互いの発言を生かしたりしながら話し合い、合意形成に向けて考えを広げたり深めたりすること。

⑵　⑴に示す事項については、例えば、次のような言語活動を通して指導するものとする。

ア　提案や主張など自分の考えを話したり、それらを聞いて質問したり評価などを述べたりする活動。

イ　互いの考えを生かしながら議論や討論をする活動。

第3　領域の指導内容

⑴　第2章第2節（※明晴学園教育課程）の手話の領域「表現・理解（言語技術）」については、上記の第2の各学年の目標及び内容に基づき、適切な指導をすること。

⑵　第2章第2節（※明晴学園教育課程）の手話の領域「文法（言語構造）」「物語・文学（ろう文化）」については、下記に基づいて適切な指導をすること。

【文法（言語構造）】

育てたい力

・手話の特徴やきまりを理解するため、次の事項について指導する。

学年	文法	語彙
中1	・手話の働き、仕組み ・PTの理解 ・文の成分の順序や照応、文の構成 ・各種構文やNM、空間利用の理解	・事象や行為などを表す多様な語句 ・手話の様々な表現の技能 ・手話の変化、世代別の手話の理解
中2	・音韻論（音韻、ミニマルペア、音素と異音、調音器官など）の理解 ・手話の形態論や統語論や語用論の理解 ・CLの理解	・手話の方言や共通語の手話 ・抽象的な概念を表す語句、類義語、対義語
中3	・敬語を社会生活の中で使う ・RSの理解 ・時間の経過による手話の変化	・世代や地域や性差による手話の違いの理解 ・手話らしい表現（代名詞・口型・文末の形容詞・慣用句）の知識 ・語感を磨き、語彙を豊かにする

【物語・文学（ろう文化）】

育てたい力

・次の事項について指導する。

学年	項目	内容
中1	手話文学	・様々な手話の作品を見て、手話特有のリズムを味わいながら、手話の世界に触れる ・手話語り、手話詩、手話狂言など手話には様々な種類の作品があることを知る
	ろう者学	ろう歴史（日本）、日本のろう偉人
中2	手話文学	・手話の作品の特徴を生かして表現するなどして、手話の世界を楽しむこと ・手話の作品に表れたものの見方や考え方に触れ、登場人物や作者の思いなどを想像する
	ろう者学	ろう歴史（世界）、世界のろう偉人
中3	手話文学	・歴史的背景などに注意しながら手話の作品を見て、その世界に親しむ ・手話の作品の表現を引用するなどして、表現してみる
	ろう者学	明晴学園の歩み、ろう通訳（DI）と手話通訳
中1~3	複文化を学ぶ	・ろう文化、聴文化の違いを理解し、互いの文化を尊重すること ・外国の人々（特にろう者）の文化を理解し、互いの文化を尊重すること ・通訳の制度について学んだり、筆談の方法を工夫したりして、聴者と積極的にコミュニケーションを取ろうとする態度を身につけること ・外国の人々（特にろう者）と積極的に筆談や手話でコミュニケーションを取ろうとする態度を身につけること

第4　指導計画の作成と内容の取扱い

1　指導計画の作成に当たっては、次の事項に配慮するものとする。

⑴　単元など内容や時間のまとまりを見通して、その中で育む資質・能力の育成に向けて、生徒の主体的・対話的で深い学びの実現を図るようにすること。その際、手話による見方・考え方を働かせ、手話による活動を通して、手話の特徴や使い方などを理解し自分の思いや考えを深める学習の充実を図ること。

⑵　第2の各学年の内容の指導については、必要に応じて当該学年の前後の学年で取り上げることもできること。

⑶　第2の各学年の内容の〔知識及び技能〕に示す事項については、〔思考力、判断力、表現力等〕に示す事項の指導を通して指導することを基本とし、必要に応じて、特定の事項だけを取り上げて指導したり、それらをまとめて指導したりするなど、指導の効果を高めるよう工夫すること。

⑷　第2の各学年の内容の〔思考力、判断力、表現力等〕の「A話すこと・聞くこと」に関する指導については、第1学年及び第2学年では年間 15 ～ 25 単位時間程度、第3学年では年間 10 ～ 20 単位時間程度を配当すること。その際、手話のための教材を積極的に活用するなどして、指導の効果を高めるよう工夫すること。

⑸　言語能力の向上を図る観点から、外国語科など他教科等との関連を積極的に図り、指導の効果を高めるようにすること。

⑹　その他の障害のある生徒などについては、学習活動を行う場合に生じる困難さに応じた指導内容や指導方法の工夫を計画的、組織的に行うこと。

⑺　第1節総則の第1の2の⑵（※明晴学園教育課程）に示す道徳教育の目標に基づき、市民科などとの関連を考慮しながら、第6章市民科（※明晴学園教育課程）の第2に示す内容について、手話科の特質に応じて適切な指導をすること。

2　第2の内容の取扱いについては、次の事項に配慮するものとする。

⑴　〔知識及び技能〕に示す事項については、次のとおり取り扱うこと。

ア　日常の手話による活動を振り返ることなどを通して、生徒が、実際に話したり聞いたりする場面を意識できるよう指導を工夫すること。

⑵　第2の内容の指導に当たっては、生徒がコンピュータや情報通信ネットワークを積極的に活用する機会を設けるなどして、指導の効果を高めるよう工夫すること。

⑶　第2の内容の指導に当たっては、学校図書館などを目的をもって計画的に利用しその機能の活用を図るようにすること。

3　教材については、次の事項に留意するものとする。
⑴　教材は、第2の各学年の目標及び内容に示す資質・能力を偏りなく養うことや手話動画に親しむ態度を育成することをねらいとし、生徒の発達の段階に即して適切な話題や題材を精選して調和的に取り上げること。また、第2の各学年の内容の〔思考力、判断力、表現力等〕の「A話すこと・聞くこと」、⑵に掲げる手話による言語活動が十分行われるよう教材を選定すること。

⑵　教材は、次のような観点に配慮して取り上げること。
ア　手話に対する認識を深め、手話を尊重する態度を育てるのに役立つこと。
イ　伝え合う力、思考力や想像力を養い言語感覚を豊かにするのに役立つこと。
ウ　公正かつ適切に判断する能力や創造的精神を養うのに役立つこと。
エ　科学的、論理的に物事を捉え考察し、視野を広げるのに役立つこと。
オ　人生について考えを深め、豊かな人間性を養い、たくましく生きる意志を育てるのに役立つこと。
カ　人間、社会、自然などについての考えを深めるのに役立つこと。
キ　我が国の伝統と文化に対する関心や理解を深め、それらを尊重する態度を育てるのに役立つこと。
ク　広い視野から国際理解を深め、日本人としての自覚をもち、国際協調の精神を養うのに役立つこと。

⑶　我が国の手話文化に親しむことができるよう、近代以降の代表的な作家の作品を、いずれかの学年で取り上げること。

⑷　昔の手話に関する教材については、昔の手話の原文に加え、昔の手話の現代語訳、昔の手話について解説した文章などを取り上げること。

4.3　小学部と中学部の領域と教科

教育課程の特例
1．バイリンガル・バイカルチュラルろう教育の教育課程編成上の特長
　ろう児にとっての第一言語や文化が聴児と異なる点を踏まえ、柔軟な教育課程の編成を行う。
　新たな教科（幼稚部においては領域）として『手話』を設定するとともに、小学部・中学部においては、教科『日本語』を設定し、一貫した教育を行う。

特別支援学校幼稚部教育要領（以下、教育要領という）に定める5領域及び自立活動のうち「言葉」を『手話』とする。

　学校教育法施行規則第126条及び第127条並びに特別支援学校小学部・中学部学習指導要領（以下、「学習指導要領」という）に定める教科「国語」、「音楽」及び「自立活動」の内容を、新設教科『手話』及び『日本語』で行い、「特別の教科　道徳」「特別活動」「総合的な学習の時間」の内容を新設教科『市民科』で行う。

2．自立活動の取扱い

　教育要領及び学習指導要領には、自立活動の目標（幼稚部ではねらい）として、「個々の児童又は生徒（幼稚部では幼児）が自立を目指し、障害による学習上又は生活上の困難を主体的に改善克服するために必要な知識、技能、態度及び習慣を養い、もって心身の調和的発達の基盤を培う。」とあるが、バイリンガル・バイカルチュラルろう教育では、「手話と日本語のバイリンガルとなり、自らのアイデンティティを確立することで、社会に主体的、積極的に参加できる人を育てる。」ことを目標とする。

【小学部・中学部】

学部	教科・領域等										
小学部	手話	日本語	社会	算数	理科	生活	図画工作	家庭	体育	外国語	外国語活動	市民科
中学部	手話	日本語	社会	数学	理科		美術	技術家庭	保健体育	外国語		市民科

小学部・中学部の年間授業時間数
【小学部の年間授業時間数】

区分	各教科										外国語活動	市民科（道徳＋特別活動＋総合的な学習の時間＋自立活動）	総授業時数	（参考）小学校の総授業時数
	手話（国語＋音楽＋自立活動）	日本語（国語＋自立活動＋外国語活動）	社会	算数	理科	生活	図画工作	家庭	体育	外国語				
第1学年	170	170		136		105	70		105			94	850	850
第2学年	175	175		175		105	70		105			105	910	910
第3学年	170	170	70	175	90		60		105		35	105	980	980
第4学年	170	170	90	175	105		60		105		35	105	1015	1015
第5学年	128	127	105	175	105		50	60	90	70		105	1015	1015
第6学年	128	127	105	175	105		50	60	90	70		105	1015	1015

【中学部の年間授業時数】 ※2021年度から新中学校学習指導要領に基づいて変更予定

区分	各教科									総合的な学習の時間＋自立活動	市民科（道徳＋特別活動＋自立活動）	総授業時数	（参考）中学校の総授業時数
	手話（国語＋音楽＋自立活動）	日本語（国語＋自立活動）	社会	数学	理科	美術	保健体育	技術・家庭	外国語				
第1学年	70	165	105	140	105	45	105	70	140	70		1015	1015
第2学年	70	175	105	105	140	35	105	70	140	70		1015	1015
第3学年	70	140	140	140	140	35	105	35	140	70		1015	1015

明晴学園の新設教科「手話」「日本語」「市民科」

新設教科	目標	領域構成	従来の教科及び領域構成	
手話	第一言語としての手話で適切に感情や思考を表現し、相手の手話を十分に理解する能力を育成し、伝え合う力を高めるとともに、思考力や想像力及び言語感覚を養い、生活や学習に必要な学習言語としての手話能力を育成する。	理解・表現（言語技術）	国語	知識及び技能
		文法（言語構造）		思考力、判断力、表現力等 A　話すこと・聞くこと
		物語・文学（ろう文化）		
			音楽	A　表現　B　鑑賞

新設教科	目標	領域構成	従来の教科及び領域構成	
日本語	第二言語としての日本語を適切に運用し正確に理解する能力を育成し、伝え合う力を高めるとともに、思考力や想像力及び言語感覚を養い、日本語に対する関心を深め日本語を尊重する態度を育てる。	理解・表現（言語技術）	国語	知識及び技能
		文法（言語構造）		思考力、判断力、表現力等 B　書くこと C　読むこと
		物語・文学（聴文化）		
			自立活動	6　コミュニケーション

新設教科	目標	領域構成	従来の教科等及び領域（内容）構成
市民科	手話と日本語のバイリンガルとなり、自らのアイデンティティを確立することで、社会に主体的、積極的に参加できる人を育てる。	道徳	道徳
		特別活動	特別活動
		総合的な学習の時間	総合的な学習の時間
		文化	自立活動

第5章 手話科カリキュラム

5.1 小学部の年間指導計画表

　明晴学園の手話科のカリキュラム（小学部及び中学部）は、以下のとおりである。
（小学部の表中にある「国語教科書」とは光村図書の平成28年版小学校国語教科書のことであり、中学部の表中にある『現代の国語』とは、三省堂の平成29年版中学校国語教科書のことである。また、「せいかつ」の教科書は、学校図書の平成27年版である。なお、文法用語については、第7章を参照されたい。）

【小1・2】

月	単元ートピック・主目標（児童にも分かるフレーズ）	指導事項ー理解、表現（語彙・文法・語用、物語）、ろう文化（教員用に項目列挙）	評価：評価項目（教員と保護者用。50%以上がC以下の場合、項目の立て方と教授法再考）	（副）教材（教員用）	他教科との連携（教員用）
4月	・自己紹介ができるよ！ ・はっきりあいさつができるよ！	文法：Wh分裂文 語彙：代表的な挨拶表現、名前、年齢、生年月日の語彙 語用：簡単な自己紹介の談話型	パフォーマンス評価： ・自分について短い自己紹介ができる。 ・はっきり挨拶ができる。	・教員モデルの手話動画 ・国語教科書ー上「なんていおうかな」	国語教科書ー上「あさ」「なんていおうかな」（イラスト）p.10-11、p.16
5月	運動会でがんばるぞ！	文法：Wh分裂文 語彙：運動会の種目名	パフォーマンス評価：運動会でたてた個人目標（例：かけっこで1位になりたい）を説明し、達成度を伝えることができる。	・運動会の種目絵カード ・運動会パンフレットのイラスト ・教員モデルの手話動画	絵と単語「運動会」
5月	品川を探検しよう！	語彙：風景関連語彙（お寺、交差点、マンション、駅…） 文法： ・CL表現（地図の描写） ・Wh分裂文（1）（だれ、どこ、何） 談話：結論を先に示す形	パフォーマンス評価：品川区に何があるかで、気づいたことを簡潔に伝えられる。風景などを描写する手話単語の量（例：交差点、お寺）が豊かである。	品川区の地図、名所写真	模造紙に読めた看板、標示の写真をはる。
6月	絵本「かさかしてあげる」を楽しもう！	語彙：絵本の語彙（かさ、様々な動物） 語用：動物の体の大きさに応じたCL表現の使い分け 文法：RSを行うための視線	パフォーマンス評価：CL表現や文法に気を付けてシャドーイングすることができる。	・教員モデルの手話動画 ・絵本「かさかしてあげる」	

月	単元	語彙・文法・文化	評価	教材	国語教科書
6月	「もし動物がろうだったら?」を考える	語彙：種々の動物名 文法：仮定のNM表現 ろう文化：ろうの動物の呼び方	語彙テスト：ハルミブック7課 パフォーマンス評価：想像力を働かせて仮定の話に対して意見をまとめて述べることができる。	『ハルミブック』7課「犬とねこ」	国語教科書一上「えをみてはなそう」(動物名) p.26-27
7月	楽しい夏休みを過ごそう!	語彙：夏休み関連語彙(海、山、キャンプ) 文法：未来形(テンス)	パフォーマンス評価：夏休みの計画を伝えることができる。	・イラストカード ・教員の手話モデル(夏休みの計画)	絵日記の準備
9月	夏休みのことを話そう!	語彙：夏休み関連語彙 文法：過去形(テンス)	パフォーマンス評価(教員・級友)：「夏休みの思い出」夏休みの一番の思い出を伝えることができる。	国語教科書一上「夏休みのことをはなそう」p.100-101	国語教科書一上「夏休みのことをはなそう」p.100-101(絵＋1文)
9月	絵本の読み聞かせを楽しもう!	語彙：読み聞かせ表現の中の印象的語句 語用：先輩へのお礼表現、表現の再現と自分の感想の区別(例—感想「私が良かったと思ったのは…」印象的な表現「面白かったことばは…」)	パフォーマンス評価： ・印象に残った表現を再現し、伝えることができる。 ・読み聞かせの中の表現を入れた感想を伝えることができる。	・絵本 ・小3・4の手話読み聞かせ実践	
10月・11月	劇「たんぽぽ」を楽しもう!	ろう文化：舞台の手話表現(手を大きく、ゆっくり、など) 文法：NMの手話化	実践：台本をもとに舞台にふさわしい手話表現を表出することができる。	・拡大挿絵 ・台本	(2年)国語教科書二上「たんぽぽのちえ」p.24-25
11月	・子ども手話ニュースを作ろう! ・シャドーイングを楽しもう!	語彙：手話ニュース関連語彙(島、ニュース、説明) 文法：文末うなずき、PT(三人称)	パフォーマンス評価：ニュースの内容を誤解なく伝えることができる。	・手話ニュース動画 ・ニュース報道記事の写真	
11月	二人羽織で自己紹介しよう!	語彙：親族語彙 文法：NM表現	パフォーマンス評価： ・相手の反応を見ながら、NM表現を運用して、自己紹介をすることができる。 ・親族語彙を流暢に示すことができる。	・導入用モデル動画 ・二人羽織用布地	『ハルミブック』2課「わたしのかぞく」
11月	「ミリーのすてきなぼうし」を楽しもう!	・内容理解⇒日本語読解能力 ・仮定法(「もし自分が帽子をかぶったら、何が出てきてほしい?」)、根拠に基づいた話し方	文法テスト：仮定型を用い、根拠をあげて答えることができる。 日本語読解テスト：簡単な内容質問に○×で答える。	・国語教科書の読み聞かせ ・拡大挿絵	(2年)国語教科書「ミリーのすてきなぼうし」(リライト版)p.76-87 (1年)国語教科書一上「おおきなかぶ」p.80-89
12月	子ども手話ニュースを作ろう!その2「インフルエンザ」	文法：文末うなずき、PT(3人称) 語彙：手話ニュース関連語彙(インフルエンザ、流行、予防、手洗い、うがい)	パフォーマンス評価：正確で、分かりやすいニュースの伝え方ができる。	手話ニュース動画	

月					
12月	「ここは〇〇です」と説明できるようになろう	文法：Wh分裂文、PT（コレ） 語彙：学校関連語彙（職員室、保健室、学部ごとの教室、図書室、集会室）	パフォーマンス評価：Wh分裂文、PT（コレ）を使い、正確な種々の教室名を含む、説明ができる。	実物	せいかつ「がっこうたんけん」p.2-27
12月	数字ストーリーを楽しもう！	語彙：数字ごとの手型の語彙（1：馬、2：かに　など） 文法：CL表現とNM表現	パフォーマンス評価：自分で作った数字ストーリーを表現できる。	教員の手話モデル動画	
1月	冬休みの思い出を伝えよう！	語彙：冬休み関連語彙（正月・初詣・お年…） 文法：Wh分裂文	パフォーマンス評価：冬休みの思い出をWh分裂文を含む形で表現できる。 語彙：冬休みに関する語彙（正月・初詣・お年玉…）を表出できる。	絵日記	絵日記
1月	地震について話そう！	語彙：地震関連語彙（「おかしも」―押さない・かけない・しゃべらない・戻らない）を使った否定形	パフォーマンス評価：地震について、否定形を含んだ、明確なスピーチができる。	標語の説明理解	
1月	質問をしよう！	文法：疑問文の使い分け（yes-no疑問文とWh疑問文）	パフォーマンス評価：疑問をあげたり、応答したりできる。	国語教科書一上「ともだちに聞いてみよう」	国語教科書一下「ともだちに聞いてみよう」p.46-47
1月	「ずうっと、ずっと、大すきだよ」がわかるよ！	理解：長文の読み聞かせの理解	パフォーマンス評価：好きな場面を選んで表現できる。	教員の読み聞かせ	国語教科書一下「ずうっと、ずっと、大すきだよ」p.52-61（リライト版）
1月	「じどうしゃくらべ」をたのしもう！	理解：車の使い道によって車の形が変わることを理解する。 表出：〈タメ〉と〈イミ〉を適切に表現する。 文法：CL表現（様々な車の表現）	パフォーマンス評価：①様々な車を紹介する時に〈タメ〉と〈イミ〉を適切に表現する。②自分の欲しい車について、〈ポ〉（なぜ・どうして）という疑問文に対して〈～イミ〉という文型を使って答えられる。	・国語教科書の読み聞かせ ・拡大挿絵 ・自作PPT	国語教科書一下「じどうしゃくらべ」p.52-61
2月	五十音からものがたりをつくろう	文法：手形の分類（手話単語とCLの違い）	パフォーマンス評価：いろいろな手形を出発点に物語が表現できる。		
2月	ことばの仲間分けをしよう！	語彙：同じ、違う、仲間、仲間外れ（動詞としての運用、名詞としての運用）	パフォーマンス評価：仲間ことばを分けることができる。		
2月	「だってだってのおばあさん」を楽しもう	理解：長い話の中から好きな表現の選択	パフォーマンス評価：長い話の中の好きな箇所の紹介ができる。	国語教科書一年下「だってだってのおばあさん」	
2月	お母さんへの感謝の気持ちを伝えよう！	談話：お礼の談話型	実践：実際に帰宅してお礼を述べることができる。	教科書（せいかつ）の読み聞かせ	せいかつ下「わたし　大すき　みんな大すき」p.96-111

2月	いのちのつながりを考えよう！	理解・表出：読み聞かせに基づく意見	パフォーマンス評価：自分の意見を述べることができる。		
3月	幼稚部に絵本の読み聞かせをしよう！	談話：絵本のリズム、メリハリ	パフォーマンス評価：絵本の読み聞かせができる。	絵本の読み聞かせ	
3月	わたしはだぁれ？	文法：Wh 疑問文	パフォーマンス評価：皆の前で、2人で会話のやりとりをスムーズにできる。		国語教科書一下「これはなんでしょう」p.90-91
3月	手話ポエム「1年のしめくくりに」	語彙：テーマ関連語彙 文法：NM 表現、CL 表現	パフォーマンス評価：手話ポエムが表出できる。	先生のモデル動画	

【小3・4】

月	単元ートピック・主目標	指導事項 - 理解、表現（語彙・文法・語用）、物語）、ろう文化	評価：評価項目	（副）教材	他教科との連携
4月	・自己紹介をする ・人名の手話（漢字）サインネームポエムを使う	語用：「好きなこと」を入れた自己紹介 ろう文化：サインネームの頭文字を使ったポエム	パフォーマンス評価：やや高度な談話文法を持つ自己紹介ができる。	人名の板書	人名の漢字
4月	詩「どきん」を楽しむ	理解：「どきん」の詩の手話翻訳の鑑賞力 表現：情景を思い浮かべながらの表現力 文法：CL 表現 　　　空間表現	パフォーマンス評価： ・擬態語・擬声語から情景を思い浮かべ、表現できる。 ・文法：CL 表現、空間表現を駆使した表現ができる。	「どきん」の手話翻訳動画	国語教科書三上「どきん」p.10-11
4月	詩「春のうた」を楽しむ	理解：「春のうた」の詩の手話翻訳の鑑賞力 表現：情景を思い浮かべながらの表現力 文法：CL 表現 　　　空間表現	パフォーマンス評価： ・情景を思い浮かべながら表現できる。 ・文法：CL 表現、空間表現を駆使した表現ができる。	「春のうた」の手話翻訳動画	国語教科書四上「春のうた」p.10-11
5月	・「手形カルタ」で遊ぶ ・両手の手話MM1を知る	語彙：語彙の拡大 語彙：手形カルタによる手話表の整理	語彙ゲーム大会の成績	両手の手話の手形カルタ（今日、本、勉強、など）を選び出し、手話辞典を作成することができる。	
5月	「きつつきの商売」を楽しむ	理解・表出：ストーリーのあらすじの理解力・紹介力 文法：擬態語、擬音語の CL 表現力	・内容確認の手話テスト ・日本語読解力のための読み・書きテスト	・拡大挿絵 ・手話翻訳動画	国語教科書三上「きつつきの商売」（リライト版）p.12-24
5月	「白いぼうし」を楽しむ	表現：手話翻訳動画のあらすじの再現力。 文法：より適切な RS、CL 表現力	パフォーマンス評価：適切な RS 表現、CL 表現を含む、あらすじが表現できる。	・拡大挿絵 ・手話翻訳動画	国語教科書四上「白いぼうし」（リライト版）p.12-25

6月	「よい聞き手になろう」をもとに、ともだちへの伝え方を考える	理解:「よい聞き手」について考える力 ・聞く態度 ・相槌のタイミングの理解 ・表現:質問と感想の区別	パフォーマンス評価:対話で、適切な態度で聞くことができる。 ・対話で、スピーチメモの質と量が適切。	・「良い聞き手」手話翻訳動画 ・国語教科書三上「よい聞き手になろう」p.32-37	
7月	創作童話を楽しむ	ろう文化:日本昔話のろう文化アレンジ版の作成	パフォーマンス評価:質量ともに十分な、自作の昔話を語ることができる。	DVD 砂田アトム「砂田アトムのおもしろ昔話し」	
9月	「夏の思い出」を楽しむ	表現:思い出の手話ポエム化	パフォーマンス評価:質量ともに十分な思い出語りができる。		夏休みの絵日記
9月	手話語り「こいのぼり」を楽しむ	語彙:「こいのぼり」の場面ごとの語彙 表現:場面別のあらすじの紹介力	パフォーマンス評価: ・場面ごとのあらすじを適切に表現できる。 ・語彙の例文が作れる。	・語彙カード ・DVD「こいのぼり」 ・場面ごとの挿絵	
9月	「森に棲む人」を楽しむ	語彙:「森に棲む人」の場面ごとの語彙 表現:場面別のあらすじの紹介力	パフォーマンス評価: ・場面ごとのあらすじを適切に表現している。 ・語彙の例文が作れる。	・語彙カード ・DVD「森に棲む人」 ・場面ごとの挿絵	
10月・11月	劇「ひさの星」を演じる	表現:「ひさの星」を舞台で演じる力 語彙:舞台に相応な手話表現	実践:千神祭の劇	演劇ワークショップ(童話の劇 千神祭)	・大型本 斎藤隆介(作)岩崎ちひろ(画)『ひさの星』岩崎書店(1972)
11月	「RSとCLワークショップ」で、スキルを磨く	表現:写真をもとにRSとCLを用いての描写力 表現:写真をもとに物語のエピソード自作	パフォーマンス評価:物語の筋を示すことができる。 ・適切なRSとCLを使って描写することができる。	写真集『みさおとふくまる』リトルモア(2011)	
12月	絵本の読み聞かせを行う	表現:小1、2に対する絵本の読み聞かせ 理解:小1、2に喜ばれる絵本の選択力	実践:絵本の読み聞かせ	絵本(自主的な選択)	
12月	説明表現「すがたをかえる大豆」を理解する	文法:Wh分裂文、PTを用いた説明的な表現 表現:説明を工夫しながら表現する。(強調する箇所を考える、など)	パフォーマンス評価:Wh分裂文、PTを使って、適切な説明ができる。	国語教科書三下「すがたをかえる大豆」p.30-43	
1月	手話リズムをつくりだす	ろう文化:手話リズムに基づいた作詞力	パフォーマンス評価:適切な手話リズムを作り出すことができる。	幼稚部の手話リズム・イラスト	
1月	「ありの行列」を楽しむ	文法:PT、接続表現、空間表現 表現:内容の紹介力 理解:実験と考察の区別	パフォーマンス評価:グループごとに分かれて、段落別に表現することができる。	・教科書の挿絵 ・手話翻訳動画	国語教科書三下「ありの行列」p.78-86

月	単元ートピック・主目標	指導事項ー理解、表現（語彙・文法・語用、物語）ろう文化	評価：評価項目	（副）教材	日本語科との連携
2月	手話ポエムをつくる	表現：「1年のしめくくり」の手話ポエム化	パフォーマンス評価：質量ともに十分な「1年のしめくくり」が表現できる。		
2月	資料を読みとって説明する	理解：説明表現	パフォーマンス評価： ・関心のあることから話題を選び、筋道を立てて話すことができる。 ・Wh分裂文と接続表現の使い方が適切にできる。	・国語教科書三下コラム「しりょうからわかる小学生のこと」p.87-91 ・教員自作資料	
3月	手話辞典を作る	表現：グループで台本を決めて、手話辞典ビデオを作る力	観察評価： ・グループの協働性 ・できあがった作品の分かりやすさ	・先輩の作品	

【小5・6】

月	単元ートピック・主目標	指導事項ー理解、表現（語彙・文法・語用、物語）ろう文化	評価：評価項目	（副）教材	日本語科との連携
4月	教えて、あなたのこと	表現：インタビューの仕方と留意点 表現：紹介の仕方と留意点 文法項目： ・Wh疑問文、 ・PT ・RS	パフォーマンス評価： ・友達から話を引き出し、皆に紹介できる。 ・Wh疑問文、PT、RSを使って発表できる。	・インタビュー用紙 ・先生のモデル動画 ・前年度の先輩の紹介例動画 ・国語教科書五「教えて、あなたのこと」p.10-11	
4月	手話ニュースキャスター	理解：ニュースに出てくる文法 ・主語明示 ・分裂文 ・対比表現 ・文法空間の利用 ・NM副詞 ・NM否定 ・完了形 ・行動RS、引用RSなど。	授業評価：適切な記事を選ぶことができる。 パフォーマンス評価： ・内容が分かるようにニュースを組み立て、皆に伝えることができる。 ・収録した自分の動画を確認し、修正すべきところを考えて、本番に向けて準備することができる。 ・収録動画を見て、自分と級友の工夫した点を指摘できる。	・NHKの「NEWS WEB EASY」のHPのタイトル、資料、内容 ・手話ニュースのHP動画 ・パソコン、ビデオ、三脚、テレビ黒板 ・ニュースタイトル用画用紙、色マジック ・新聞記事	

5月	手話で伝える写真の意図	表現：写真の構図と写真の意図を相手に理解させる表現力 表現：アップとルーズの構図を説明するRSとCL表現 理解：写真の効果・むずかしさ 理解：写真の構図によるイメージ変化 理解：2枚の写真の意図に関る比較・分析力 文法：RSとCL	パフォーマンス評価： ・アップでRSを明確に表現できる。 ・CLをメインに、RSを組み合わせながら、ルーズを表現できる。 ・意図によって構図を使い分けることができる。	・アップとルーズの写真 ・カメラ ・デジタル・ビデオカメラ ・三脚	
5月	類義語の理解とMM-1（明晴学園漫才グランプリ）	語彙：失敗に関する、手話の類義語表現（例うっかり/まちがい）から正しい使い方を理解する。 表現：類義語を用いた、失敗に関する発表 理解：他グループのMM-1の表現意図 表現：正しいと思う手話表現の正しい理由の説明	MM-1クイズ得点：聴衆総合点 観察評価：撮影ルールの説明を理解し、撮影中、役割を果たせる。 ・失敗に関する類義語を理解し、文に応じた語彙を選び、表現することができる。	・NM-1導入ビデオ ・発表者のMM-1表現	
6月	天気の予想	表現：自分が伝えたいことを整理し、論を進める力 理解・表現：図表のCL表現の理解と運用力 理解：図表の示す事象と、発表者の意見、さらに、自分の意見のそれぞれの区別	パフォーマンス評価： ・事実と意見とをそれぞれ区別し、空間、CL表現、PTを適切に使って、伝えることができる。 ・接続表現を使って、論を進めることができる。	・図表 ・モデル動画	国語教科書五「天気を予想する」p.138-153
6月	手話文学「鏡」	理解：段落分けと段落の内容理解 表現：好きな表現の選択と好きな理由の説明	パフォーマンス評価： ・段落ごとのシャドーイングができる。 ・自分の意見を述べることができる。	手話語りDVD	
7月	学級討論会①テーマ：A「動物園にいる動物は幸せだろうか」	表現：互いの立場や意図を明確にした上での疑問点整理と討論	パフォーマンス評価： 十分な討論をおこなうことができる。 （質問の仕方、質問に対する答え方、主張のまとめ方、発表の仕方）	・学級討論会の流れ（模造紙） ・発言カード＆質問カード ・国語教科書六「学級討論会をしよう」p.45-51	
7月	音楽体験	理解：聴者の音楽 理解：楽譜、音符 文化：楽器を使って奏でる体験	パフォーマンス評価：聴者の音楽に関心を持ち、聴者の音楽の楽しみ方をまとめて級友に伝えることができる。	・楽譜 ・近隣の小学校の音楽室（校外学習）	市民科図工「音楽のイメージを作品に」

9月	学級討論会② テーマB：伝えにくいことを伝える 「大人と子供、得するのはどちらか」	表現：互いの立場や意図を明確にした上での疑問点整理と討論	パフォーマンス評価：十分な討論をおこなうことができる。 （質問の仕方、質問に対する答え方、主張のまとめ方、発表の仕方）	・学級討論会の流れ（模造紙） ・発言カード＆質問カード ・国語教科書六「学級討論会をしよう」p.45-51	
9月	昔の手話辞典	理解：選んだ手話単語の表現法を分析する。（手形、位置、動き）	成果物評価：手話辞典（日本語表記）	昔の手話説明文	
10月	手話狂言の世界	理解：手話狂言の手話表現および語句 表現：狂言の振る舞い、動き、構えの適切な表現	パフォーマンス評価：手話表現の動きと語句（相分かった、太郎冠者、次郎冠者、試す、どこ？）を適切に表現できる。	・手話狂言 ・DVD	・国語教科書六「伝えられてきたもの」p.154-157 ・狂言絵本「ぶし」「くさびら」（リライト版）
11月	手話狂言の舞台表現を学ぶ（千神祭）	表現：千神祭に向けての手話狂言の練習 ・役の台詞の暗記と表現	実践：千神祭の手話狂言	・手話狂言 ・DVD ・狂言絵本「仁王」	
12月	CLを使った話	理解・表現：CLの役割の理解と、創作の手話語りの中でのCLの運用	パフォーマンス評価：CL（動き、形）を運用した創作が表現できる。	DVD：「CL講座」「CLボール」	
1月	推薦	表現：呼びたいデフゲストの推薦大会の実施 表現：呼びたいゲストの上手な推薦 語彙：（推薦関連語彙） 文法：空間利用	実施：デフゲストに来てもらうことができる。	・教員のモデル動画 ・国語教科書五「すいせんします」p.190-194	
1月	学校紹介	・明晴学園紹介のためのパンフレットの作成 ・作ったパンフレットをもとにしたプレゼン	パフォーマンス評価：分かりやすい学校紹介プレゼンができる。 成果物評価：学校紹介パンフレット	・教員モデル動画 ・明晴学園紹介パンフレット ・国語教科書六「ようこそ、私たちの町へ」p.78-83	市民科
2月	今、わたしは、ぼくは	・（6年生）表現：卒業式の答辞に向けて、自分らしいスピーチの準備 ・（5年生）学校生活広報用CMの制作	実施：（6年）卒業式答辞模擬練習 成果物評価：（5年）学校広報CM 観察評価：（5年）CM作りの協働学習能力	・先輩の答辞動画 ・卒業アルバム ・先輩の学校広報CM ・国語教科書六「今、わたしは、ぼくは」p.215-219	
3月	手話ポエム「6年間の思い出」	・（6年）卒業式に向けて、今年のテーマのもとの手話ポエムの準備 ・（5年）1年の振り返りポエム	実施：卒業式 ・（6年）卒業式答辞 ・（6年）卒業式手話ポエム 成果物評価：（5年）振り返りポエム	・先輩の手話ポエム動画 ・卒業アルバム	宮沢賢治「雨ニモマケズ」谷川俊太郎「生きる」

5.2　中学部の年間指導計画表

【中1】

月	単元－トピック・主目標（生徒＋教員＋保護者用）	学習／指導事項－理解、表現（語彙・文法・語用、物語）、ろう文化（生徒＋教員＋保護者用）	評価：評価項目（生徒＋教員＋保護者用）（平均的生徒が70％以下の場合、カリキュラム再考）	（副）教材（生徒＋教員＋保護者用）	日本語科ほかとの連携課外授業（教員用）
4月	手話科とは ・日本手話という言語 ・バイリンガルとバイカルチュラル（「日本手話」「2言語・2文化」を説明できるようになる）	理解事項： ①「手話科」とは：手話言語学、学習言語としての手話、ろう者学 ②バイリンガル・バイカルチュラル：「バイバイ」の意味と例 〈バイリンガル〉 ・言語とは何か ・音声言語と視覚言語 ・外国の手話と国際手話 〈バイカルチュラル〉 ・文化とは何か ・見える文化・見えない文化 ・ろう文化と聴文化	評価：中間試験（知識項目）	・自作教材 ・（参考）明晴学園HP	
5月	スピーチをしよう （手話のスピードの文体や間の取り方の違いに気づき、効果的に使えるようになる。）	表現：公的スピーチ ・話す速度や手話の大きさ、ことばの調子や間の取り方の効果の意識化 表現：親しい対話 ・相槌やうなずきなどの対話環境作り ・適切な質問形	パフォーマンス評価：分かりやすいスピーチをすることができる。適切な質問ができる。（ビデオ録画） 評価：中間試験（知識項目）	『現代の国語』1「聞き上手、話し上手になるために」p.25-26	
6月	手話言語学に触れよう①「日本手話の世界」	理解・表出：言語学の4領域 ・音韻（サインネームなど） ・語彙（「かたい」など） ・文法（文末表現、疑問表現、否定表現、話題化文） ・談話（例：ろう的な会話）	パフォーマンス評価：自分で選んだトピックについて説明できる。 評価：前期期末試験および後期中間試験	・自作教材 ・（参考『日本手話のしくみ』大修館書店）	英語（疑問文・否定文など）
7月	手話言語学に触れよう②「文のしくみ」	理解・表現： 〈文のしくみ〉 ・語順 ・否定 ・疑問 ・受け身 ・使役 ・テンスとアスペクト	パフォーマンス評価：自分で選んだトピックについて説明できる。 評価：後期中間試験	『日本手話のしくみ』p.57-82	

月	単元ートピック・主目標	指導事項ー理解、表現	評価：評価項目	（副）教材	連携
8月	夏休みの宿題 4月～7月の単元を選んでポスターでまとめよう			・ノート ・（参考）『日本手話のしくみ』 ・『現代の国語』1の既習範囲	
9月	夏休みの宿題	表出：既習内容の適切な反映 ・文法 ・スピーチの技術	パフォーマンス評価：5月に行ったスピーチの既習内容を反映できるか。		
	スピーチ「夏休み」の発表	・自分の経験の言語化	パフォーマンス評価：夏休みの思い出が過不足なく伝えられる。	・生徒作のポスター ・スピーチメモ	
9月	手話言語学に触れよう③「分裂文と文法化」	文法：①分裂文 ②文法化（手話の構文を知る）	パフォーマンス評価：スピーチの中で適切に語順を並べ、分裂文・文法化が運用できる。評価：期末試験（知識項目）	『日本手話のしくみ』p.57-61	
10月	演劇ワークショップ（設定：一人芝居）	表現：手話の大きさや語句の選択、言葉づかいなどの、役に応じた表現の工夫	パフォーマンス相互評価：即興劇を楽しく、分かりやすく作り上げることができる。	『現代の国語』1「即興劇にチャレンジ」p.188-189	
11月	演劇（千神祭）	表現：手話の大きさや語句の選択、言葉づかいなどの、役割に応じた表現	実践：劇の上演		千神祭
12月	弁論大会	表現：弁論大会にふさわしい手話表現	実践：弁論大会	・弁論大会用原稿 ・先輩の弁論大会動画	・日本語科（原稿作成） ・市民科
1月 2月	ろう者学（日本のろう者の歴史）とは	理解：ろう文化（江戸時代から明晴学園設立まで）	評価：期末試験	・自作教材 ・（参考）歴史教科書	
3月	1年のまとめ	表現：1年間の学びの振り返り・発表	パフォーマンス評価：1年の学びを伝えるスピーチができる。（ビデオ録画）	・記録ノート ・（参考）『日本手話のしくみ』	

【中2】

月	単元ートピック・主目標	指導事項ー理解、表現（語彙・文法・語用、物語）、ろう文化	評価：評価項目	（副）教材	日本語科ほかとの連携 課外授業（教員用）
4月	手話科とは ・日本手話という言語 ・バイリンガルとバイカルチュラル	★昨年度の復習 理解・表現：中1で学んだ手話科の内容の教員への説明	パフォーマンス評価：「手話科」について説明するスピーチができる。	・「マインドマップ」 ・ノート（中1手話科の授業ノート）	
5月	プレゼンテーションとは	表現：話す速度、手話の大きさ、リズム、間の取り方、資料の効果的な使い方の意識化 ・相槌やうなずきなどの対話環境作り	パフォーマンス評価：効果的なプレゼンができる。（ビデオ録画）評価：前期中間試験	『現代の国語』2 p.42-47	

月	単元	理解・表現	評価	教材・参考	関連
6月	俳句ポエムとは	理解：複文化 ・俳句の楽しみ方 ・手話での表現 表現：手話ポエム ・クローズアップと鳥観図	成果物評価：自作の俳句とその翻訳 パフォーマンス評価：ポエム技術の適切さ		
7月	手話言語学に触れよう④「語のしくみ」	理解：〈語のしくみ〉 ・CLとは ・CLと固定語彙 ・名詞の語形変化 ・動詞の語形変化	評価：前期期末試験	『日本手話のしくみ』p.34-52	
8月	夏休みの宿題 4月～7月の単元を選んでポスターでまとめよう			・ノート ・（参考）『日本手話のしくみ』 ・『現代の国語』2	
9月	夏休みの宿題の発表	表出：夏休みの宿題の発表	パフォーマンス評価：既習内容の適切な反映 ・文法 ・プレゼンテーション技術	生徒作のポスター	
9月	手話言語学に触れよう⑤「日本手話の音と形」	理解・表出： ・発音のしくみ ・ミニマルペア ・音素と異音 ・調音器官 ・なまった発音 ・日本手話の表情	パフォーマンス評価：自分で選んだトピックについて説明できる。 評価：前期期末試験（知識項目）	（参考）『日本手話のしくみ』p.8-25	
10月	「アイヌの文化と言語」に学ぶ～マイノリティ～	理解： ・アイヌ語やアイヌの人々の歴史 ・アイヌの人々とろう者のアイデンティティについて	評価：後期中間試験	・自作教材 ・HP「公益社団法人　北海道アイヌ協会」	『アイヌ文化の基礎知識』草風館
11月	演劇ワークショップ「対話劇を体験しよう」（設定：コント二人芝居）	理解・表現： ・対話劇の基本的なやり方、振り返り方を知る。 ・ろう文化ならではの対話劇を表現する。	パフォーマンス評価：与えられたテーマで対話劇をすることができる。（ビデオ録画） 評価：後期中間試験	『現代の国語』2「対話劇を体験しよう」p.200-201	
12月	弁論大会	理解・表現：スピーチレベル ・弁論大会にふさわしい手話表現 ・スピーチレベルの多様性と適切性を理解する。	実践：弁論大会	・弁論大会用原稿 ・先輩の弁論大会動画	・日本語科（原稿作成） ・市民科
1月 2月	ろう者学（世界のろう者の歴史）とは	理解：ろう文化の歴史 ・ド・レペのろう学校設立からギャローデット大学初のろう学長誕生まで	評価：期末試験	・自作教材 ・（参考）歴史教科書	

月	単元ートピック・主目標	学習/指導事項ー理解、表現	評価：評価項目	(副)教材	日本語科ほか
3月	1年間のまとめ	表現：「2年の学び」の発表 〈発表の分野〉 ・手話言語学 ・ろうの世界史 ・ろうの演劇 ・俳句ポエム	パフォーマンス評価：1年間の学びを伝えるスピーチができる。（ビデオ録画）	・授業ノート ・(参考)『日本手話のしくみ』	

【中3】

月	単元ートピック・主目標 （生徒＋教員＋保護者用）	学習/指導事項ー理解、表現（語彙・文法・語用、物語）、ろう文化 （生徒＋教員＋保護者用）	評価：評価項目 （教員＋保護者用） （平均的生徒が70%以下の場合、カリキュラム再考）	(副)教材 （教員用）	日本語科ほかとの連携 課外授業（教員用）
4月	中学部の手話科	理解・表現： ・中学部の手話科の在り方について、自身の意見をまとめ、発表する。 ・級友の発表を聞き、話し合うことで理解を深める。	パフォーマンス評価：中学部の手話科の在り方についての自分の意見を聞き手に伝わるように発表することができる。（動画採点）	・教員のモデル動画 ・「マインドマップ」作例 ・自身の発表動画（振り返り用）	
5月	ろう者学・ブックトーク	理解・表現： ・ろう者学とは何か ・明晴学園の歩み ・バイリンガルろう教育	評価：前期中間試験-理解度チェック パフォーマンス評価：ブックトーク『小指のおかあさん』	玉田さとみ『小指のおかあさん』ポプラ社	
6月・7月	手話言語学に触れよう⑥「日本手話らしい表現」	理解・表出： ・代名詞に男女の別 手段を含む動詞 ・日本手話の口型 ・文末のコメント ・日本手話の慣用表現 ・RSとは ・使役 ・日本手話の敬語 ・日本手話の男女差と年齢差 ・日本手話の地域差	パフォーマンス評価：自分で選んだトピックについて説明できる。 評価：後期中間試験	・『日本手話のしくみ』p.57-82 ・自作教材 ・教員モデル動画	
8月	夏休みの宿題 4月～7月の単元を選んでポスターでまとめよう			・ノート ・(参考)『日本手話のしくみ』 ・『現代の国語』3	
9月	夏休みの宿題の発表	表出：夏休みの宿題の発表	パフォーマンス評価：既習内容の適切な反映 ・文法	生徒作のポスター	
9月	企画会議	理解・表出： ・企画書の完成 ・話し合いでの対話力	評価： ・企画書例「課題解決型会議」 ・会議観察シート	・教師のモデル企画書 ・会議動画	『現代の国語』3　p.96-101

月	単元	理解・表出	評価	教材	教科書
9月	企画会議動画の分析	理解・表出：会話の内容 日本手話の文法： ・分裂文 ・PT ・RS	評価： ・前期期末試験 ・企画会議の発言内容の振り返り	・会議動画 ・発言分析メモ	『現代の国語』3 p.96-101
10月	ワールドカフェ（テーマ例） ・どんな大人になりたいか ・卒業後のきずなを保つには？ ・この地域の良さは？	理解・表出：多様なテーマを選び、実のある会話が続けられる。 ・分かりやすい説明表現 ・適切な質問 ・課題を深める話し合いの仕方 ・話し合いの振り返り	パフォーマンス評価：ワールドカフェの話で印象的な話題をまとめて伝えられる。		『現代の国語』3 p.181-183
11月	演劇ワークショップ「複数人で芝居をしよう・演出を体験しよう」	理解・表出： ・対話劇と複数人での芝居の違いを知る。 ・ろうならではの演劇を考える。 ※発展学習 「ろう演劇」の多様なジャンルを知る。	評価：後期中間試験 パフォーマンス評価： ・複数人での芝居が適切にできる。 ・演出の意図を伝えることができる。（ビデオ録画）	去年の生徒たちの対話動画	千神祭
12月	ろう者学（ろうコミュニティー）とは	理解：ろう者の多様なコミュニティ（スポーツ、ろう協会、手話研究、ろう学校）	観察評価：ろうコミュニティに関する議論への参加度	自作動画	
1月・2月	ろう者学（「ある鷲の子の物語」）	理解・表出： ・「ある鷲の子の物語」の解釈に対する自分の考えの発表 ・ASL文学の日本手話への翻訳	パフォーマンス評価：日本手話翻訳を分かりやすく伝え、意見を述べることができる。 評価：後期期末試験	・手話語り ・VHS	タイムカプセル
3月	答辞「15年間をふり返って」	表出：卒業式の答辞	評価：後期期末試験（手話科のまとめ） 実践：卒業式の答辞	・授業ノート ・動画 ・（参考）『日本手話のしくみ』	日本語科（答辞原稿の翻訳）市民科

6.1 手話科の評価方法（パフォーマンス評価、作品評価など）

①評価方法の種類

　評価方法は下記の通りであり、１つの評価方法だけを用いることは適切ではない。よって、指導目標および指導内容にもとづいて適切な評価方法を選択し、さらに児童生徒に評価の結果をフィードバックできるようにしなければならない。

評価方法	チェックできること	チェックできないこと
パフォーマンス評価	・テーマに沿っているかどうか ・パフォーマンスするまでの思考プロセス ・意欲および態度	・新出の学習内容の定着度
作品評価	・テーマに沿っているかどうか ・作品の出来栄え	・作品完成までの思考プロセス
成果物評価	・テーマに沿っているかどうか ・作品の出来栄え	・授業を受けている時の態度
試験による評価	・内容理解 ・暗記面、論述面	・授業を受けている時の態度
観察による評価	・友達同士または教員とのやりとり ・行動面、思考プロセス	・新出の学習内容の定着度
実践による評価	・友達同士または教員とのやりとり ・行動面、思考プロセス	・新出の学習内容の定着度
語彙テスト	・新出の学習内容の定着度	・授業を受けている時の態度
文法テスト	・新出の学習内容の定着度	・授業を受けている時の態度

②評価する時に気を付けること

・単元の学習に入る前に家庭環境および現在の手話力を把握すること。これがないと、学習前と学習後の比較ができず、定着したかどうかの確認が曖昧になってしまう。

・単元の学習終了後、身につけさせたいことが確実に身についたかどうか、単元の定着について評価するとともに、次の課題（ステップアップ）を設定する。

・評価する時は児童生徒の年齢に相応した評価の結果のフィードバックを行い、児童生徒自身が「自らの学習定着」について理解できるようにする。（メタ言語を育てる）

初期のチェックリスト（小学部）

小学部　手話科　アセスメント

組　氏名（　　　　　　　）

目標
(1) 経験したことや想像したことなどについて、順序がわかるように、語や文の書き方に注意して話すことができるようにするとともに、楽しんで表現しようとする態度を育てる。
(2) お互いの考えの相違や、共通点を考えながら進んで話し合う態度を育てる。
(3) 聴者ときこえる者の違いを知り、お互いの文化を尊重する態度を育てる。
(4) 相手や目的に応じ、調べたことなどについて、筋道を立てて話す能力。話の中心に気を付けて聞く能力、進行に沿って話し合う能力を身に付けさせるとともに、工夫をしながら話したり聞いたりしようとする態度を育てる。

月日	題材	指導内容		学年	中間アセス	コメント	ステップ	コメント	アセスメント	コメント
		理解	大事なこと答えをさないようにしながら、興味をもって見ること。	1・2年						
			話された内容を絵や手話、日本語などで自分なりにまとめること。							
			時間的な事柄の順序などを考えながら内容の大体を読み取ること。	3・4年						
			話や文としてのまとまりや内容について考えながら見ること。							
			目的に応じて内容を大きくまとめたり、必要なところは細かい点に注意したりしながら見ること。	5・6年						
			全体と部分、事実と意見を考えながら話の意図や内容を読み取ること。							
			登場人物の心情や場面についての描写など、優れた叙述を味わいながら理解すること。							
			物語の展開を確かめながら主題をとらえるようにすること。							
		表現	知らせたいことを選び、事柄の順序を考えながら相手にわかるように話すこと。	1・2年						
			身近な事柄について話題に沿って話すこと。							
			はっきりした声で手話で話すこと。							
			正しい語順で話すこと。							
			伝えたいことを選び、自分の考えがわかるように筋道を立てて、話のつながりを考えながら話すこと。	3・4年						
			互いの考えの相違点や共通点を考えながら、自分の立場を明確にして、進んで話し合うこと。							
			適切な速さで話すこと。							
			相手や状況に応じて丁寧な言葉で話すこと。							
			自分の考えや気持ち、意図などを相手に理解してもらえるように、ふさわしい話題を選び出したり、話の組み立てを工夫したりしながら自分が伝えたい言葉を選んで話すこと。	5・6年						
			話し合いの話題や方向をとらえて的確な発言を注意して聞いたりして、自分の考えをまとめること。							
			言葉の調子や仲間の取り方を工夫して話すこと。							
		文法	手話に関する興味を持ち、同じ手型や語を集めるなど分類を行うこと。	1・2年						
			手話の基本語彙を増やすこと。							
			状況を正確に表現すること。	3・4年						
			日本手話の文法について基本的な理解を持つこと。							
			手型の分析を行うこと。							
			修飾の関係について知ること。							
			形容詞、副詞などについて理解すること。							
			擬態語、擬音語などを使用すること。	5・6年						
			文法（非手指動作など）の分析を行うこと。							
			CL、レファレンシャル・シフトについて理解すること。							
			文、関係節について知ること。							
		物語・文字	あらすじや物語に興味を持ち、見ること。	1・2年						
			手話劇などの読み聞かせや手話を楽しむこと。							
			手話リズムなどを通して、表現の楽しさに気付くようにする。							
			うまさと聴者の生活の違いを知ること。							
			いろいろな物語に興味を持ち、見ること。	3・4年						
			手話劇や童話などを通した手話りを考えること。							
			指文字や数字を使った手話りを考えること。							
			うまさと聴者の行動の違いを知ること。							
			聴者の音楽や表現活動などについて興味をもつこと。							
			自分の頭を踏んで表現することができること。	5・6年						
			手話の頭を踏んだ表現（手話詩）をすること。							
			内容に応じたふさわしい表現の仕方を工夫して伝えること。							
			外国の手話（ASL：アメリカ手話など）について興味をもつこと。							
			楽器、楽曲、音階など音楽に関する基礎的な知識と理解を深めること。							

初期のチェックリスト例（中１）

中１　手話科　アセスメント

目標

(1) 目的や場面に応じ、日常生活にかかわることなどについて手話で構成を工夫して話す能力、話し手の意図をとらえて話し合う能力を身に付けさせるとともに、話したり読み取ったりしようとする態度を育てる。話題や方向をとらえて話し合う能力を身に付けさせる。話し手の意図を考えながら読み取る能力、

(2) 多様な手話表現の豊かさや美しさを感じ取り、基礎的な表現の技能を身に付け、創意工夫して表現する能力を育てる。

(3) 多様な手話文学のよさや美しさを味わい、幅広く主体的に鑑賞する能力を高める。

月日	題材	指導内容	学年	中間アセス	コメント	ステップ	アセスメント	コメント
		A 理解 / B 表現　(1) 手話で表現する能力・理解する能力を育成するため、次の事項について指導する。	1年					
		ア 日常生活の中から話題を決めて、話したり話し合ったりするための材料を人との交流を通して集め整理すること。						
		イ 全体と部分、事実と意見との関係に注意して話を構成し、相手の反応を踏まえながら話すこと。						
		ウ 話す速度や強弱、調子や間の取り方、相手にわかりやすい語句の選択、相手や場に応じた言葉遣いなどについての知識を生かして話すこと。						
		エ 必要に応じて質問しながら読み取り、自分の考えや相手との共通点や相違点を整理すること。						
		オ 話し合いの話題や方向をとらえて的確に話したり、相手の発言を注意して読み取ったりして、自分の考えをまとめること。						
		(2) (1) に示す事項については、例えば、次のような言語活動を通して指導するものとする。						
		ア 日常生活の中の話題について報告や紹介をしたり、それらを読み取って質問や助言をしたりすること。						
		イ 日常生活の中の話題について対話や討論などを行うこと。						
		C 文法　(1) 手話の特徴やきまりを理解するため、次の事項について指導する。	1年					
		ア 手話の仕組みについて関心をもち、理解を深めること。						
		イ 事象や行為などを表す多様な語句について理解を深めること。						
		ウ 手話の類別詞（CL）、PT、レファレンシャル・シフトについて理解し、それらと同じような働きをもつ語句などに注意すること。						
		エ 手話の文法（分裂文などの各種構文）や非手指要素（NMM、NMS、空間利用）について理解を深めること。						
		オ 手話の様々な表現の技法について理解を深めること。						
		カ 時間の経過による表現の変化や時代による手話の違いについて理解を深めること。						
		D 物語文学　(1) 手話の「A表現」、「B理解」及び「C文法」の指導を通して、次の事項について指導する。	1年					
		ア 様々な手話の作品を見て、手話特有のリズムを味わいながら、手話の世界に触れること。						
		イ 手話語り、手話詩、手話狂言など手話には様々な種類の作品がある ことを知ること。						

6.2 手話科の個別の指導計画

（１）「個別の指導計画」の意義

　明晴学園は、日本手話と日本語という２つの言語、そしてろう文化と聴文化という２つの文化を学ぶことができる、バイリンガル・バイカルチュラルろう教育を実践している、日本で唯一の学校である。

　日本手話と書記日本語（書き言葉としての日本語）は、教科の「手話科」と「日本語科」だけで扱う教育内容ではなく、明晴学園の教育活動全体の中で扱うべき教育内容となる。つまり、日本手話と書記日本語は、算数・数学、社会、理科……といった、各学部に設定されているどの教科においても、その教科固有の教育内容を学びつつ、手

明晴学園の教育課程の構造―手話と日本語の２つのL字構造

話と書き言葉として日本語も教科の教育内容に関連させながら同時に学ぶということになる。

　また、日本手話と日本語の言語習得の実態は、幼児児童生徒のおかれている環境によってかなり異なっている。特に、日本手話は、マイノリティの言語であり、家族に日本手話母語話者がいない限り、通常は社会で出会うことがない言語である。このような多様な言語環境が幼児児童生徒の言語習得に大きな影響を与えている。

　そのため、手話科の「個別の指導計画」が重要となってくる。

（２）「個別の指導計画」の作成

　「個別の指導計画」を作成する上で最も大切にしなければならないことは、実態把握である。手話科の「個別の指導計画」では、当然、幼児児童生徒の手話の言語能力の実態を客観的に把握する必要がある。実態把握については、各種チェックリストを用いたり、一定の課題について手話による表出を促して、パフォーマンス評価をするなど、その具体については前節で紹介をした。

　次に、その実態把握から、当該幼児児童生徒の１年後の３月にどのような姿を期待するのかを年度の指導目標として設定する。また、本人、保護者からも卒業後にどのようになっていたいのかを対話を繰り返して引き出しておく。教師が設定した年度の指導目標と、本人、保護者の願いから、さらに重点指導目標を絞り込む。

　指導目標を設定する際には、主語は幼児児童生徒として、その文末が「～ができる」「～になる」と年度末における評価が可能となる記述とする。「手立て」には、幼児児童生徒の実態と重点指導目標を比べて、重点指導目標へ近づけるために、幼児児童生徒ができるようになる方法、配慮、指導の工夫を、具体的に記述する。年度末の「評価」に

おいては重点指導目標に対して、1つずつ「できたこと」「できなかったこと」を記述する。また、途中の努力している姿を成果として記述する必要もある。

　このようにして作成した「個別の指導計画」は年度当初に必ず本人・保護者に提示をして、承諾を得ることにしている。

（3）「個別の指導計画」の活用

　「個別の指導計画」は作成することが目的ではない。これをいかに実際の授業の中で活用していくかが「個別の指導計画」を作成する目的である。毎日の授業では、それぞれの授業で全体の指導目標が設定されているはずである。授業における全体の指導目標を踏まえて、幼児児童生徒の「個別の指導計画」に記載されている個別の指導目標及び手立てを、どのように活かしていくのかを、それぞれの授業の略案等を構想する際に、具体的に反映させる必要がある。特に手話科の「個別の指導計画」は各教科の指導場面で積極的に活用していく必要がある。なぜなら、日本手話と書記日本語は、バイリンガルろう教育実践校として、学校の教育活動全体を通じて指導していく必要があるからである。

個別の指導計画（記入例）	
対象：第3学年　氏名（生徒B） 評価内容：日本手話の習熟度 結果：レベル3 時期：2005年9月 基準：手話カリキュラム第1学年	2学期の指導内容 （1）日本手話における動詞の表現 　　→パフォーマンス評価をする。 （2）日本手話文章において主題を明確にする。 　　→観察およびパフォーマンス評価をする。 （3）単純な動作を使用した日本手話ストーリーを作る。 　　→チェックリストおよびパフォーマンス評価をする。

成績表に書かれる評価（記入例）
①生徒Bは、日本手話において使用されるアスペクトについて、ある程度の理解を示している。 ②ただし、発表などの際に、正しく使うことはまだ困難のようである。単純な動作パターンで構成される様々な日本手話作品を取り入れることを勧める。（日本手話ストーリー、日本手話によるプレゼンなど）。 ③来学期に、生徒Bは、様々な日本手話メディア作品を通じて、アスペクトを取り上げる。

幼稚部	小学部	中学部
目標（学部・クラス・個人）	目標（3年間）	目標（本年度）
保護者の願い	本人の願い・保護者の願い	本人の願い・保護者の願い
活動内容（年間） 　生活力／運動／指の操作／描く／手話力・社会性	教科領域等（年間） 　手話／日本語／算数／生活／社会／理科／外国語活動／家庭／図画工作／体育／市民科	教科領域等（年間） 　手話／日本語／社会／数学／理科／美術／保険体育／技術・家庭／外国語／市民科
幼児の実態・重点目標・手立て・評価	児童の実態・重点目標・手立て・評価	生徒の実態・重点目標・手立て・評価

個別の指導計画（小学部）

学年 氏名			期間			作成者	

目標	
本人の 願い	
保護者 の願い	

教科・ 領域等	4月	5月	6月	7月	8月	9月	10月	11月	12月	1月	2月	3月
手話												
日本語												
算数												
生活												
図画 工作												
体育												
市民科												

児童の実態	重点目標	手立て	評価
「手話」「日本語」「発達障害等の対応」（必要に応じて）			

第7章 手話科を教えるための日本手話文法解説

※日本手話の例文は『ハルミブック』から引用
※手話の例文と解答例は動画（ ）を参照のこと
※本解説は初めて手話科を担当する教員向けに書かれたものである。
※＜＞内は「手話ラベル」と呼ばれ、手話につけられた仮の日本語名のようなもの。

7.1 日本手話の基本語順

SOV（S 主語、O 対象物または目的語、V 動詞）

　世界中の手話言語の基本語順は、その手話言語が使われている地域の音声言語と基本的に同じであることが知られている。つまり、日本手話は日本語の SOV（主語＋対象物＋動詞）、アメリカ手話は英語の SVO（主語＋動詞＋対象物）とほぼ同じ順になっている。日本手話と日本語の語順は違うということと矛盾するようであるが、動詞が文頭の主語のすぐあとに続くか、文末にくるかという大きな分け方をすると、日本手話も日本語も、動詞が文の終わりにくるという点では同じである。

　また、英語の文には必ず動詞があるが、日本語には動詞がない文もある。日本手話も日本語と同様に、動詞がない文もある。

日本語：私はハルミです。　　　→動詞はなし
英語： I am Harumi.　　　→動詞は am
日本手話：〈私／ハルミ〉　　　→動詞はなし

下記の日本手話もすべて動詞はない。
〈私は8才です。3年生です。私の家族は4人です。
　みんなろう者です。おとうとの名前はソウタです。〉
〈ふとっています。おばちゃんです。でも、かわいいです。〉

自動詞文と他動詞文

　『ハルミブック』ではじめに出てくる動詞は「います」である。

〈もう／1人／いる〉

　この文は対象物（O）がなく、自動詞文という。対象物（O）を必要とする文は他動

詞文という。

　対象物が必要な動詞を他動詞、対象物がいらない動詞を自動詞という。

　『ハルミブック』で他動詞がはじめて出てくるのは〈えさを与える〉であり、対象物は〈えさを〉である。

〈子どもたち／えさを　／与える〉　▶
　　 S　＋　O　＋　V
という語順になっている。

〈私／うさぎ（かわいがって）抱く〉　▶

　という文では、他動詞は〈抱く〉、抱くの対象物は〈うさぎ〉である。ここで注意すべきなのは、うさぎの様子は前の文ですでに表しているので、〈抱く〉の前に〈うさぎ〉という名詞はなく、〈抱く〉という動詞が、〈うさぎを抱いている様子〉を表すCL動詞で表されているということである。これは下記の文でも同様である。

〈（ぞうは）鼻で食べ物を口に運ぶ〉　▶

〈鼻で物を口に運ぶ〉という１つのCL動詞が、対象物である〈食べ物を〉を組み込んだ形で表している。

注意：目的地（場所）は対象物ではない。　例「私たちはろう学校に通っています」

　この文では「通う」は他動詞ではない。「ろう学校」は対象物ではなく、目的地（場所）である。そのため、日本語では「私たちはろう学校通っています」ではなく、「ろう学校」と場所を表わす「に」を使う。「ろう学校に」は対象物（O）ではないが、主語と動詞の間に挟まれた真ん中の位置にきて、<u>動詞が最後にくる。</u>

　問題1　※解答例は p.97
ハルミブック手話版で、「ペンギンは魚を食べます」はどう表されているだろうか。

7.2　日本手話の動詞と名詞

動詞と名詞の概念
　皆さんは子どもたちの手話表現を見て、単語を切り出すことができるだろうか。さらに、その単語を名詞・動詞・形容詞・副詞などに分けることができるだろうか。
　SとOは名詞、Vは動詞だから、正しい手話文を表現できていれば、それらを切り出

すことはできるだろう。しかし、注意しなくてはならないのは、子どもたちが名詞や動詞の概念を持っているかどうかである。手話にも名詞や動詞の区別はあり、その違いを知っていることが、後で日本語や英語の名詞と動詞を見分けたり、動詞の活用を覚えたりする時の基盤になる。

　手話には名詞と動詞の手型が同じものがあるが、もし手話で、「そこのイスを持ってきて」「床に座って」などの指示を出し、子どもたちがその通りに行動できれば、〈イス〉という名詞と〈座る〉という動詞を区別できていることになる。

　英語でも、動詞と名詞が同じ形をしている語は多くある。例えば、study は動詞であれば「勉強する」、名詞であれば「書斎」「研究」などという意味になる。

　手話では、〈勉強〉（名詞）と〈勉強する〉（動詞）が同じ形をしているし、〈勉強〉と〈学校〉（ともに名詞）は同じ形なので、名詞同士を区別する時には口形を使ったりする。〈先生〉と〈教える〉も同じ形をしているので、〈先生〉を表す時は、指差しを足す、〈先生〉の後に〈男（または）女〉をつけて人であることを示す、口形（「センセイ」）をつける、などの方法がある。口形をつけるのは基本的に名詞である。

　以下の動詞と名詞のペアを考えてみよう。　　▶
〈探す〉－〈観光〉　〈書く〉－〈ペン〉　〈泳ぐ〉－〈プール〉

　このようなペアを、教員が手話でしっかり区別できるだろうか。この区別ができることが、日本語の学習にも関わってくる。動詞と名詞の区別ができないと、日本語で「きのうプールました」のような文が出てしまう。

　〈泳ぐ〉〈プール〉の区別ができていれば、「きのうプールで泳ぎました」のように、正しい文をつくることができる。プールは名詞で、場所を表す時は助詞「で」を使う。「泳ぐ」は動詞なので、活用させて「泳ぎ」という形を作ってから、「ます」につなげる。これが動詞の「ます形」といわれるものである。

動詞の活用

　さらに、動詞は文を終わらせるためには「ます」を使う。「泳ぐでした」「泳ぎでした」という形は間違いである。「です・ます」の違いがきちんと教えられていないために、成人ろう者でも間違えることがある。動詞文は「ます」で終わり、名詞文は「です」で終わることを理解する必要がある。

問題 2 ※解答例は p.97

　日本語では、「泳ぐ」という動詞は「泳がない、泳ぎます、泳いで、泳ぐとき、泳げば、泳ごう」のように活用する。これは 5 段活用動詞といわれ、「が、ぎ（い）、ぐ、げ、ご」の 5 段に動詞の形が変わる動詞である。

　では、手話の動詞の活用（形の変化）にはどのようなものがあるだろうか。

7.3 日本手話の否定文

いろいろな否定文

どんな言語を学ぶ時でも、最も基本的な文法は普通の文（肯定文）・否定文・疑問文の3種類の文が言えるようになることである。

否定文とは、「○○ではない」「○○しない」など、物事や行動がそうではないということをいう文である。

（1）基本の否定文

例えば、以下の文を手話で表す時はどのような表現になるだろうか。

「私はハルミではない」
「（ろうの犬の）タロウは出てこない」

手話でも名詞と動詞をきちんと区別して表現している。ハルミは名詞なので、
「私はハルミではない」→〈私／ハルミ／**違う**〉　▶
となる。

出るは動詞なので、以下の表現は間違いである。
「タロウは出てこない」→　×　〈タロウ／来る／違う〉

動詞の否定形である〈ない（利き手を振る）〉という形が、動詞とつながって用いられる。
「タロウは出てこない」→〈タロウ／来る／ない〉　▶
〈食べない〉〈見ない〉〈行かない〉なども同様に、〈ない〉という形をつけて、否定文を作る。

（2）その他の否定形

手話の否定形には次のようにいろいろな形がある。

存在の否定「〜がない」（両手をはらう形の否定形）をつける。　▶
「机の上には本がない」
「今日は宿題がない」

否定をするための単語を使う（二語が必要な否定形）　▶
「タロウと呼んでも聞こえません」（可能性の否定）〈タロウ／聞く／**ムリ**〉
「そこには行く必要がありません」（必要性の否定）〈PT3／行く／**不要（プ）**〉

否定形を使わずに、一語で否定の意味を表わす単語がある場合もある
〈分からない〉 ▶

問題3 ※解答例は p.98

①それぞれ、どのような手話表現になるか考えてみよう。
「テルヒサ君のご飯がなくなってしまった」
「間に人が立って、手話が見えません」
「そんな映画は見たことがない」
「電車の時間に間に合わなかった」

②一語で否定の意味を表わす手話単語をあげてみよう。

7.4 日本手話の疑問文

いろいろな疑問文

　どんな言語にも質問するための文があり、それを疑問文という。疑問文には、「はい」か「いいえ」で答えられる YES ／ NO 疑問文と、新しい情報を得るための WH 疑問文がある。

（1）YES ／ NO 疑問文

「あなた、ハルミ？」「これ、食べる？」
など、首のたてふりや横ふりだけで、特にことばを使わなくても答えることができる。

（2）WH 疑問文

「あなたの名前は**何**？」「きのう**何**食べた？」「生まれは**どこ**？」「家族は**何人**？」
など、求められている新情報を答えなくてはならない。

　日本手話の YES ／ NO 疑問文はどのように表すだろうか。

「あなたはハルミです」→「あなたはハルミです**か**」 ▶
「あなたはこれを食べます」→「あなたはこれを食べます**か**」 ▶

　日本語ではこのように「か」を足すだけであるが、日本手話の YES ／ NO 疑問文を作るのに必要なのは、**目開き、眉あげ**、（あご引き）である。それらは手には現れない。そういうものを非手指要素 NM（Non-Manuals）または NMM（Non-Manual Markers）という。以前は Non-Manual Signals という用語も使われていたが、最近では NM と略すことが多いようである。

手話の文法は非手指の要素なしに説明することはできない。乳児でも NM は読み取ることができるし、手で単語を表すことができるようになる前から使うことができる。手話の文法において、NM は最も基本的で重要なものである。

　次に、日本手話の WH 疑問文はどのように表すだろうか。
　WH 疑問文は、新聞など客観的な情報を表わす文を書く時に必要な5W1H の要素を構成している。5W1H とは、When（いつ）、Where（どこで）、Who（誰が）、What（何を）、Why（なぜ）、How（どのように）、したかを聞きだすために使う英語の疑問詞の頭文字を並べたものであるが、手話にも「いつ、どこで、誰が、何を、なぜ、どのように」を聞くための疑問詞がある。手話における5W1H を考えてみよう。

〈どのように〉
　方法、手段を聞く疑問詞で、手話単語としては〈方法〉と同じである。

〈どこ〉
　〈場所／何〉、あるいは子どもたちは〈何／場所〉と表すかもしれない。
　「生まれはどこ？」は手話ではどう表すだろうか。

〈あなた／生まれ／場所／何〉　▶
　という語順の文になるが、手指による表現だけでは十分ではなく、NM が必要である。
　WH 疑問文の NM で、一番大事なのは小刻みな首の横ふりである。目、眉の動きに関しては目開き・眉あげの場合もあれば、眉よせの場合もある。これは新情報を求めているか、旧情報の確認かによって違うようであるが、この違いについては、ネーティブ手話話者による観察、分析を待ちたい。
　また、日本手話の WH 疑問文の特徴として、疑問詞は常に文末にくる。

① 佐藤／図書館／雑誌／読む／**いつ？**
② きのう／佐藤／雑誌／読む／**どこ？**
③ きのう／図書館／雑誌／読む／**だれ？**
④ きのう／図書館／佐藤／読む／**何？**
⑤ きのう／図書館／佐藤／雑誌／読む／**どうして？**
⑥ きのう／図書館／佐藤／雑誌／読む／**方法（どうやって）？**

　英語では、疑問詞は文のはじめにくるので、ちょうど逆になる。
① **When** did Sato read the magazine in the library?
② **Where** did Sato read the magazine yesterday?
③ **Who** read the magazine in the library yesterday?
④ **What** did Sato read in the library yesterday?

⑤　**Why** did Sato read the magazine in the library yesterday?

⑥　**How** did Sato read the magazine in the library yesterday?

> **問題 4**　※解答例は p.98
>
> 日本語では疑問詞はどこに置くのだろうか。書いて比べてみよう。

7.5　日本手話のテンス（時制）とアスペクト

テンス（時制）

　日本手話の動詞はテンス（時制）（過去、現在、未来）に合わせて変化しない。きのうのことを言いたければ、〈きのう〉という語を足し、明日のことを言いたければ、〈明日〉を足す。

〈きのう／雑誌／読む〉　▶

〈明日／雑誌／読む〉　▶

　日本語の文では、それぞれ「きのう雑誌を読んだ／読みました」、「明日雑誌を読む／読みます」となり、動詞の形が時にあわせて変わる。「きのう雑誌を読みます」は間違った文である。

　手話では動詞の形は変わらないが、自分の体を基準（今）にして、体の後ろ側（背中側）が過去、前側（お腹側）が未来である。世界中のほとんどの手話で、時間の流れは同じように表す。また、体の前を時間が経過していく際には、利き手の側から非利き手の方向に時間が進んでいく。ここで困るのは、左利きか右利きかによって、時間の進む方向が逆になることである。そのため、手話では午前、午後という代わりに〈朝〉の何時、〈夜〉の何時などのように、別の語彙を使って1日のうちのいつかを表している。

アスペクト

　ここまでの例文で、過去と未来は出ているが、現在が出ていないのはなぜだろうか。

　日本語の動詞には、過去形と非過去形しかないからである。「私は本を読みます」といえば、今は読んでいない、これから読むことを表している。「私はご飯を食べます」も同様に、今は食べていないことを表している。では、今まさに食べている状態を表すには、なんというだろうか。

「私はご飯を食べ**ている**／食べ**ています**」

　となる。動詞のテイル形を使わなくてはならない。これは時制ではなく、アスペクトと呼ばれる。では、手話では今行われていることをどう表すだろうか。日本語の〈中〉を借用した形の語〈〜中〉を足して、

〈私／カレー／食べる－中〉 ▶

〈彼／本／読む－中〉 ▶

〈彼女／テレビ／見る－中〉 ▶

　などと表すことができる。ただ、この〈中〉はなくても、**動詞の反復**で現在進行中のことを表すことも可能である。日本語からの借用語彙〈中〉が、いつ頃から手話の中で使われるようになったのか、興味深い点である。

　さらに日本手話では、過去に起きたことを表わす際に〈終わり（パ）〉をつけることが多いが、これも日本語の「たり」が「た」になったように、もともとは完了を表わすアスペクトであったと考えられる。完了を表す助動詞のように、〈終わり（パ）〉は独立した動詞ではない。

〈買う－（パ）〉 ▶

〈帰る－（パ）〉 ▶

　のように、直前の動詞とくっついて「買った」「食べた」のような1つの語を作る。

問題 5 ※解答例は p.99

① 〈中〉を付けて、進行中であることを表わすことが自然な表現をできるだけ多くあげよう。例えば、「彼は死にそうだ（死にかけている）」は〈彼／死ぬ／中〉でよいだろうか。

② 〈終わり（パ）〉の使い方として、〈彼女／結婚－（パ）〉の場合、今彼女は結婚しているか。結婚している場合、なぜ〈彼女／結婚－中〉にならないのか、考えてみよう。

7.6 その他の文法用語解説

うなずき

　日本手話におけるうなずきにはいくつかの役割かあるが、基本的に文を始めるとき、また、文を終わるときにはうなずきが入る。「私と姉」のような並列関係か、「私の姉」のような修飾関係かはうなずきの有無によって区別される。「私と姉」の場合にはうなずきが入り、「私の姉」の場合には入らない。

　また、「雨が降ったので渋滞した」のような順接の文と「雨が降ったら、渋滞する」のような条件（あるいは仮定）の文もうなずきの大きさとタイミングが異なるので動画で確認してほしい。 ▶

マウジング／マウスジェスチャー

マウジングは日本語の発音に伴う口形。手話単語の〈学校〉と〈勉強〉を区別したり、〈先生〉と〈教育〉を区別したりするときなどに用いられる。

マウスジェスチャーは日本手話独特のものであり、完了に伴う〈パ〉などがよく知られており、パピプペポのパ行音が使われることが多い。

Wh 分裂文

日本手話の文では多用される文型である。

／私　名前　何　山田／

／彼　年　いくつ　30 ／

のように Wh 語を先に出して、それに答える形で

「私の名前は山田です」

「彼は30歳です」といった情報が提示される。

問題 6 ※解答例は p.99

①動画を見て、ハワイに行ったのは何人で誰と誰が行ったか答えよう。 ▶

②ピプペポのマウスジェスチャーがつく手話表現を考えてみよう。

③ Wh 分裂文の例文を 1 つ以上考えよう。

===

・解答例

問題 1

ハルミブック手話版で、「ペンギンは魚を食べます」はどう表されているだろうか。

問題 2

日本語では、「泳ぐ」という動詞は「泳**が**ない、泳**ぎ**ます、泳**い**で、泳**ぐ**とき、泳**げ**ば、泳**ご**う」のように活用する。これは 5 段活用動詞といわれ、「が、ぎ（い）、ぐ、げ、ご」の 5 段に動詞の形が変わる動詞である。

では、手話の動詞の活用（形の変化）にはどのようなものがあるだろうか。

手話の動詞は、大きく**一致動詞**、**無変化動詞**、**空間動詞**の 3 つに分けられる。

一致動詞とは、〈言う〉〈助ける〉〈渡す〉のように、誰が誰に対してその動作を行うかに動詞が表現される方向が一致する動詞である。

〈私／あなた／言う〉と〈あなた／私／言う〉では動詞の向きは逆になる。

無変化動詞とは、そのような変化を起こさない動詞で、〈知る（分かる）〉、〈待つ〉、〈好きである〉などのように、誰が主語になっても、動詞の形は変わらない。

　〈私／あなた／知っている〉と〈あなた／私／知っている〉の２つの文の動詞の形は同じである。

　空間動詞とは、〈行く〉〈来る〉〈引っ越す〉などのように場所の情報が含まれる動詞で、どこからどこへ移動したかという情報が動詞の形の違いとして表わされる。

問題3

①それぞれ、どのような手話表現になるか考えてみよう。

　「テルヒサ君のご飯がなくなってしまった」

　「間に人が立って、手話が見えません」

　「そんな映画は見たことがない」

　「電車の時間に間に合わなかった」

②一語で否定の意味を表わす手話単語をあげてみよう。

　問題①に出てくるのはすべて１語で表される否定表現である。

　他の例としては、〈聞こえない〉なども１語の形を持っている。

　また、「まだ（勉強）していない」などのように未完了を表す際には、〈勉強／まだ〉と表現され、〈まだ〉以外に否定辞は用いられない。

問題4

　日本語では疑問詞はどこに置くのだろうか。書いて比べてみよう。

①　**いつ**佐藤さんは図書館で雑誌を読みましたか？

②　佐藤さんは**いつ**図書館で雑誌を読みましたか？

③　佐藤さんは図書館で**いつ**雑誌を読みましたか？

④　佐藤さんは図書館で雑誌を**いつ**読みましたか？

　のように、日本語の疑問詞はどこにでも入ることができる。

　以下に一般的な位置に疑問詞を置いた例文をあげたが、自分で疑問詞の位置が移動できることを確かめてみて欲しい。

①　きのう佐藤さんは**どこで**雑誌を読みましたか？

②　きのう図書館で雑誌を読んだのは**だれ**ですか？

③　きのう図書館で佐藤さんは**何を**読みましたか？

④　**どうして**きのう佐藤さんは図書館で雑誌を読んだのですか？

⑤　きのう佐藤さんは**どうやって**図書館で雑誌を読みましたか？

問題5

① 〈中〉を付けて、進行中であることを表わすことが自然な表現をできるだけ多くあげよう。〈食事中〉〈勉強中〉〈寝ている中（睡眠中）〉〈読んでいる中（読書中）〉など。ただし、日本語で考えると食事、勉強、睡眠、読書といった名詞に〈中〉が付いているように見えるが、手話の場合は〈中〉の前に来るのは動詞で〈中〉はアスペクトを表わしていることに注意する。また、〈電車中〉〈トイレ中〉といった表現が手話では可能であることにも要注意である。これらの場合も〈電車〉は名詞ではなく、〈電車で移動する〉という動詞、〈トイレ〉は〈トイレを使用する〉という動詞であると考えられる。

例えば、「彼は死にそうだ（死にかけている）」は〈彼／死ぬ／中〉でよいだろうか。「彼は死にそうだ（死にかけている）」の正しい手話表現

② 〈終わり（パ）〉の使い方として、〈彼女／結婚－（パ）〉の場合、今彼女は結婚しているか。結婚している場合、なぜ〈彼女／結婚　中〉にならないのか、考えてみよう。

〈彼女／結婚－（パ）〉の場合、結婚した結果、その状態は継続している。したがって、現在も結婚していると解釈される。
〈彼女／結婚－中〉が表わすのは、まさに結婚という動作をしている最中であるということなので、結婚式の最中であるというように解釈される。

問題6

① 動画を見て、ハワイに行ったのは何人で誰と誰が行ったか答えよう。
1人「私の母がハワイに行く」

② ピプペポのマウスジェスチャーがつく手話表現を考えてみよう。
ピ：／（数が）少ない／
プ：／不要である／
ペ：／〜違う（〜なんじゃない？）／
ポ：／どうして？（なんで？）／

③ Wh 分裂文の例文を1つ以上考えよう。
／彼女　誰　弟の友だち／
／佐藤　住所　どこ　埼玉／

===

CL（Classifier）	ものの形や材質、動きや働きなどを表現するもの 日本語では分類詞、類別詞などと訳される
NM（Non-manuals）	目や眉、あごや肩など手や指以外の身体部分で表現されるもの 「感情に関わる表現」と「文法をあらわす表現」がある
RS（Referential Shift）	指示対象や物語の視点によって話し方が変わる標識 「行動型 RS」と「引用型 RS」がある
PT（Pointing）	実際のものを指す、人称代名詞（私、あなた、彼らなど）、指示代名詞（これ、それ、あれ）など
空間	ものごとを物理的、社会的、図像的に表すもの

CL　CL の種類は多く、教科の内容を理解するためにとても重要です。日本語でボールペンを数える時に使う１本、２本の「本」や、雑誌を数える時の１冊、２冊の「冊」など、名詞を具体的な種類や形状に応じて分類する助数詞は、手話では CL で表します。また、「千鳥足で歩く」や「急坂を歩く」などでは、歩き方の様子を〈歩く〉という動詞と同時に表します（副詞的用法）。車を運転する（操作 CL）と車が前進する（全体 CL）というような区別ができるようになると、「操作をする主体」と「それ以外の状況（客体）」の区別がつけられるようになり、学習に必要な概念の発達が進みます。

NM　NM は、正しい理解や詳細な説明に欠かせません。NM は手や指以外で表されるもので、顔の動き（目、眉、あご、ほほのふくらみ、うなずき）や肩の動きなどがあります。手話単語は同じでも NM が違うと意味が変わります。「感情に関わる表現」では「うれしい」や「すごくうれしい」などの程度を NM で表現します。「文法をあらわす表現」では、「駅です」「駅ですか？」「駅ではありません」「駅はどこですか？」は、NM の違いによって表されます。つまり、手話単語も CL も、すべての発話は NM と同時に表現されるということです。敬語も NM によって表現されます。

RS　RS は、CL や NM と並んで重要な文法の１つです。日本語学習につながるところもあります。RS は、手話の話者が「１人で何人もの話し手の役割を担う表現」を指します。自然な手話において、日常的に頻繁に用いられる表現です。過去の自分の話をする時（きのうの自分でも、子どもの頃の自分でも）には過去の自分に RS し、また飼っているペットの話をする時には、そのペットに RS して、自分がその行動の主体であるかのように表現します。これを「行動型 RS」といいます。

もう１つ「引用型 RS」と呼ばれるものがあります。これは日本語の「直接引用」と似ています。「朝ごはんいらないの？」「いらないよ」というような会話がそのまま引用される場合です。ただし、手話ではそのような会話が実際に行われたのではない場合でも、この引用型 RS を用いて表される構文があります。

PT は、ものを指し示す以外に、主語や代名詞などの使い方があります。PT1は一人称（私）、PT2は二人称（あなた）、PT3は、三人称（彼、彼女、あれ、これ、それ）や代名詞です。日本手話の普通の文（肯定文）終わりに指さし PT3 が使われることもよくあります。（例）①「私はドアを開けた」〈私／ドア／開ける／ PT1〉　②「ドアが開いた」〈ドア／開く／ PT3〉　※文末に使われる PT は主にその文の主語を指します。

手話の学習言語では「空間」を使います。図像的な表現だけでなく、文法的にも使われます。「文法化」した空間では、指差し、手指単語の位置、動詞の運動の方向や変化などによって、空間が、日本語の格助詞（が、を、に）と同じような働きをしたり、比較をする時にも用いられます。主な性質は３つあります。①物理的：教室での出来事を語る時に「正面に先生がいて、隣には同級生がいて」といった配置を身体前の空間に再現する。②社会的：「先輩は自分より上にいて、後輩は自分より下にいる」とか、「その場にいない家族は自分の横にいて、その家族と相談してから解答する相手は自分の正面にいる」というような比喩的、または抽象的な概念をあらわす。③図式的：人物相関図、タイムテーブル（過去・現在・未来）、フローチャートなどを表現する。

第2部
・・・・・・・・・・
実践編

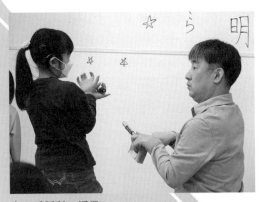

小1 手話科の授業

昼休みに中学部が幼稚部の子どもたちに
手話で読み聞かせ

中学部の手話科の定期考査の様子。動画の試験問題に
手話の答えを自分で撮影して提出

話す・聞く／手話言語学
「二人羽織で伝えてみよう」

小学部1・2年

1 単元のねらい

　ペアになって二人羽織をしながら自己紹介を行うという活動を通して、羽織から顔を出している人がNM表現をし、羽織をかぶっている人が手指による表現をするという連係プレーによって、手話として成立することを理解する。さらに、明確なNM表現でより分かりやすく、適切な手話表現になることをねらいとした。

　※「ハルミブック第1・2課」の自己紹介の後につながる単元である。

「しかあり」に基づく学習のプロセス
※「しかあり」については「3.2　手話科の授業の作り方」（P.18〜21）を参照

【知る】
・NM表現が必要であることを知る。

【利用する】
・様々な場で相手に分かりやすく話したり発表したりする。

・NM表現の重要性を理解することができる。
・相手に分かりやすく自己紹介することができる。
・大事なところを見落とさないようにすることができる。

【考える】
・二人羽織で自己紹介する時に気をつけることを考える。

【表す】
・二人羽織で手指による表現とNM表現の連係プレーができる。

2 単元の評価方法

パフォーマンス評価

・相手の反応を見ながら、NM表現を活用して自己紹介することができる。

・親族の語彙を流暢に示すことができる。

3　単元の計画（全3時間）

次	時	本時の目標・評価	教員の教授活動	子どもの活動
第1次 [指導案]	1	手話表現の時、NM表現が大切であることに気付くことができる。	・次のことを意識させながら指導する。 手話の大きさと速さ NM表現（うなずきと眉上げ） NM表現の表出タイミング	・二人羽織で自己紹介してみよう。 ・相手に分かりやすく伝えるにはどうしたらいいか考えてみよう。
第2次	2	手話表現に気を付けながら、二人羽織で自己紹介できる。	・次のことを意識させながら指導する。 文の切れ目を示した間（ま）の取り方 ・ビデオカメラの使い方を説明し、自分で撮影できるようにする。	・鏡を見ながら練習しよう。 ・二人羽織の自己紹介を撮影しよう。
第3次	3	NM表現の重要性に気付き、そのことについて発表できる。	・次のことを意識させながら指導する。 適切な表現（大きさ・速さ・間の取り方） 発表する時のきまり（聞き手の顔を見る、話しはじめの時はきちんと合図するなど）	・撮影したビデオを見て、気付いたことを発表しよう。

4　指導のポイント

ろう児に適した学習のスタイル
小1・2は集中力が短いため、動画視聴の時間を調整する。
学習・練習・撮影・振り返りのメリハリをつける。
二人羽織はお互いの身体に接触するため、子どもの気持ちに配慮する。
練習する時は主体的な活動を取り入れる。 ペアで鏡を見ながら手話表現を話し合うと、さらに理解が深まる。
ペアごとに1台のカメラで撮影するため、撮影時間を計画しておく。
撮影後は全員一緒に見て、お互いに意見交換しながら振り返る。

授業前の子どもの実態把握

（Aよくできる／ある　B大体できる／ある　Cできる／ある　Dできない／ない）

内容	チェック（AからD）
1　ハルミブック1課の内容を理解できるか。	
2　みんなの前で簡単な自己紹介ができるか。	
3　ビデオカメラの前で手話で発表できるか。	
4　撮影された動画を見てフィードバックができるか。	

【本時のねらい】

・手話表現の時、NM 表現が大切であることに気付く。

【本時の展開】

段階	教員の働きかけ	子どもの活動や予想される反応	教材教具
導入 （知る）	・教員と小2のペアで「二人羽織」の手本を見せる。 ＜教員が手の役、児童が顔の役＞ 「教員の手話が速い時は？」 「教員の手話が遅い時は？」 ＜教員が顔の役、児童が手の役＞ 「教員の表情がない時は？」 「教員の表情がやり過ぎる時は？」	・「二人羽織」を見て気づいたことを話し合う。 「手話が速くてみえないよ」 「手話が遅いと見にくいよ」 「何言ってるか分からないよ」 「顔の表情がヘンだよ」	二人羽織用の布
展開 （考える）	・改めて、よい表現について考えよう。 「よい表現とは何だろう？」 「逆に悪い表現とは何だろう？」 「つまり、大切なことは何だろう？」 手話と顔の動き（NM表現）が一致した方がよいことに気付かせる。	 「眉上げしたほうが分かりやすいよ」 「顔が無表情だと何を言ってるか分からないなあ」 「タイミングの取り方は肩で合図を送るよ」	**NM表現（顔カード）** ※次頁参照
展開 （表す）	・ペアを組んで、みんなの前で二人羽織の自己紹介をやってみよう。 「自己紹介は分かりやすかった？」 「自己紹介では、どんなことに気を付けたかな？」 子ども同士で「眉上げしていたね」など、お互いに言い合える雰囲気を作る。	 「手話と顔の表情がずれてなく、合っていたよ」 「眉上げをはっきり見せようと思った」	**自己紹介カード**（ペアを組むため） ※次頁参照
まとめ （利用）	・今日の感想を発表させる。 「二人羽織での自己紹介は難しかった？そうでもなかった？理由も含めて感想を発表してください」 ・次時の予告をする。 「次の授業では、実際にビデオ撮影して自分で振り返ります」	「みんなの方に顔を向けながら、ペアの手話をチラチラと確認するのが難しかった」 「ペアと合わせるための練習が必要だと思った」	板書 （児童の感想を書き込む）

6　教材

PPT

自己紹介カード

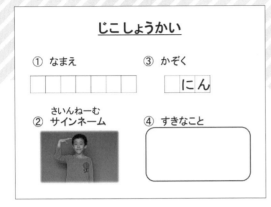

NM表現（顔カード）

児童の二人羽織をしている様子
口がとがっている・首ふり
（自分の年齢を表すNM表現）

7　児童の反応

・二人羽織を通して、NM の表出を意識するようになった。

・友達が発表している時、NM に着目することができた。

・発表の時間が短かったので、NM に着目できたと思われるが、発表の時間が長くなった時、どうするかを意識させる必要がある。

コラム

サインネーム

　ろう者の中には、２つの名前を持つ人がいる。１つは従来の日本語の名前、もう１つは「サインネーム（手話の名前）」である。「サインネーム」は、体の特徴（目が細いなど）、小さい時のエピソード、日本語の名前などに由来した表現が使われている。

　明晴学園の子どもたちや教員は、それぞれの「サインネーム」を持っており、お互いにサインネームで呼び合っている。

「よい聞き手になろう」「友達への伝え方を考えよう」

小学部 3・4 年

1 単元のねらい

　本単元は、聞き手に焦点を当てている。「話の主題に気を付けて聞く」ためには、話し手が最も伝えたいことは何なのかを予想しながら聞く必要がある。また、「質問したり感想を述べたりする」ためには、自分の経験と結び付けて感じたことを述べたり、他の人の質問に続いて、補足あるいは重ならないような質問ができるようになることが大切である。教材に示された感想や質問の観点を理解し、意識して発言することが求められる。

　この単元を通して、よい聞き手となるための学習は、よい話し手となるための学習でもあるということを意識させたい。

【知る】
・「よい聞き手」について知る。
・「よい話し手」について知る。

【利用する】
・自分の話を振り返り、見直すことができる。
・他の教科や行事などで活かすことができる。

・友達の話に興味を持って進んで聞き、より多くの話を引き出すことができる。
・話の中心に気をつけて聞き、質問や感想を言うことができる。
・聞き手に伝わるように言葉を選んで話すことができる。

【考える】
・話のポイントに気を付けて聞き、的確な質問や感想を考える。
・話をよりよく完成させるためにはどうしたらいいか考える。

【表す】
・話のポイントに沿った質問や感想を述べる。
・話を組み立てて発言する。

2 単元の評価方法

パフォーマンス評価

・対話において、適切な態度で聞くことができる。

・対話において、スピーチメモの質と量を適切に話すことができる。

3 単元の計画（全6時間）

次	時	本時の目標・評価	教員の教授活動	子どもの活動
第1次	1 指導案	・「よい聞き手」とはどんな聞き方ができることなのか、興味を持つ。	・「よい聞き手」について、よい例と悪い例を出し合い、話し合うように促す。	・「よい聞き手」について、話を聞く時に大切なことは何か、考えよう。 ・学習計画を立てよう。
	2 指導案	・「よい聞き手」について考え、話を聞く時の大切なことを理解できる。	・動画を見せて、「よい聞き手」と「悪い聞き手」の違いに気付かせる。	・動画を見て、「よい聞き手」と「悪い聞き手」について考えよう。 ・「よい聞き手」になるためにはどうしたらよいか、考えよう。
	3 指導案	・話のポイントに気を付けて聞き、質問したり感想を述べたりできる。	・話を聞きながら、質問や感想を話し合うように促す。 ・「よい聞き手」になったかどうか、ポイントを絞り、子ども自身で振り返りやすいようにする。	・先輩や先生の話を見ながら、話のポイントに気を付けて質問したり感想を言ったりしよう。 ・「よい聞き手」で学んだことを振り返ろう。
第2次	4 指導案	・相手にきちんと伝えるために大切なことを理解できる。 ・自分で話題を設定することができる。	・話し方のよい例と悪い例の動画を比較させる。 ・教員の手話モデルを見せ、話の組み立て方のプロセスを板書する。 ・スピーチのテーマは「日常生活の出来事」など、スピーチしやすいようにする。	・「よい話し手」について、悪い例とよい例を考え、話し合おう。 ・お話会（スピーチ）に向けて、話したいこと、伝えたいことを考えて話題を決めよう。
	5 指導案	・話題を設定し、組み立てを考えることができる。 ・聞き手に正確に伝えるために、必要な言葉や指示語の特性を理解できる。	・「はじめ」「なか」「おわり」の構成を意識させる。 ・指示語（PT3）の使い方について意識させる。 ・話を組み立てた児童をほめる。	・スピーチメモを使って話の組み立て方を考えよう。 ・PTの特性を理解しよう。 ・実際に話を組み立ててみよう。
	6 指導案	・話のポイントをはっきりさせ、出来事の報告や説明をすることができる。 ・自分の話を振り返り、よりよい話を作ろうと目標を持つことができる。	・お話会を実施する。 ・質問や感想を言いやすい雰囲気を作る。 ・スピーチを撮影した動画を見せて、振り返りがしやすいようにする。	・お話会でスピーチを発表しよう。 ・友達の話をお互いに聞き、質問したり感想を言ったりしよう。 ・自分のスピーチの動画を見て振り返ろう。

第8章　手話科の教育実践（指導案集）

指導のポイント

ろう児に適した学習のスタイル
導入として、これまでの「聞く・話す」の活動を簡単に振り返らせる。
先輩や教員の話を見ることから始め、どんなことに注意しながら聞いていたか、問いかけるとよい。
聞き手の見本の動画を視聴して、何がよくないのか、考えさせる。 自分だったら、どんなことに気をつけながら話を聞くといいのかを考えさせる。
「先生の話を聞いている時」「先輩の発表を聞いている時」 「朝会で校長先生の話を聞いている時」「話し合いをしている時」など、 具体的な場面を示すと、意見が出やすくなる。
話し手が発表した後は、聞き手は拍手をする。 話し終わったら、1人1回ずつ質問をし、感想を述べるようにする。 共感する聞き方をほめることで、温かい雰囲気を作るようにする。 聞き手どうしで質問や感想が出てもよい。

授業前の子どもの実態把握

（Aよくできる／ある　B大体できる／ある　Cできる／ある　Dできない／ない）

	内容	チェック（AからD）
1	聞く態度が身についているか。	
2	学習言語としての活動であることを理解しているか。	
3	日本手話話者であるか。	
4	多くの話題を持っているか。	

5.1 本時の指導案（第1次・1時間／全6時間）

【本時のねらい】

・「よい聞き手」とはどんな聞き方ができることなのかに興味を持っている。

【本時の展開】

段階	教員の働きかけ	子どもの活動や予想される反応	教材教具
導入 （知る）	・単元のねらいを理解させる。 「これまでにみんなの前で発表したり、話し合ったりしました。相手はどんな聞き方をしていましたか」 ①「よい聞き手」について考えよう。 ②話の中心に気をつけて聞き、質問をしたり、感想を言ったりしよう。	・単元のねらいを理解する。 「友だちのスピーチを聞く時の態度ってことだね」 「相手は、どんな聞き方をしていたかな」	**キーワードカード** ※ P.118参照
展開 （考える）	・「聞き手」について児童の経験を振り返らせる。	・自分の経験を思い浮かべながら「聞き手」について話し合う。	

		・朝の会や帯単元などでスピーチを行っていれば、その時の聞き方を問うことから始めてもよい。	「話は最後まで聞いたほうがいいと思います」 「うんうん、とうなずくのは大切だと思います」	
展開 (表す)		・お話会があることを伝え、その前にどのような学習をするかを話す。 「お話会をどのように進めればいいでしょうか。今後の予定について説明します」 ・学習の目的または理由を児童が理解しているかどうか、1つずつ確認しながら進める。 【学習の流れ】 ①「よい聞き手」について考える。 ②正しい質問や感想を言えるようにする。 ③「よい話し手」について考える。 ④友達に知らせたいことを決める。 ⑤話の組み立てを考える。 ⑥「きちんと伝えるために」を考え、言葉の特性のPT3（指示語）を使ってみる。 ⑦「お話会」を開き、友達の話に質問したり感想を伝えたりする。 ⑧自分の話を見て、振り返る。	・お話会を開くための学習の流れを理解する。 【学習の流れ】 ①「聞く時の態度を考えるのかな」 ②「正しい質問って何だろう？練習するのかな」 ③「手話を大きくすることが大事だよ」 ④「自分でテーマを決められるの？」「好きなことを話そうかな」 ⑤「はじめ・なか・おわりを考えるってことだね」 ⑥「PT3って何だろう？」「はっきりした手話で表現しないと、伝わらないよ」 ⑦「みんなの前で発表するの、恥ずかしいな」「うまくできるかな」 ⑧「自分の手話動画を見るの？いやだよ〜」「友達の動画を見て感想を言ってもいいの？」	ホワイトボード（学習の流れを書く） または 学習計画表（模造紙）
まとめ (利用)		・完成した学習計画を再度確認する。 「このような流れにしますが、いいですか？」 「お話会にむけて話したいテーマを時々考えておいてください」	・完成した学習計画を見て自分なりの学習のイメージをふくらませる。 ・話したいテーマを思い浮かべる。 例：旅行、わたしの好きなものなど	

111

5.2　本時の指導案（第１次・２時間／全６時間）

【本時のねらい】
・自分の生活と結びつけながら、自分の話の聞き方について振り返ることができる。
・「よい聞き手」について考え、話を聞く時の大切なことを理解できる。

【本時の展開】

段階	教員の働きかけ	子どもの活動や予想される反応	教材教具
導入 （知る）	・「よい聞き手と悪い聞き手」について考えさせる。 「発表を聞く時、話し合いの時、おしゃべりする時、あなたはどんなふうに相手の話を聞いていますか」	・普段、自分がどんな話の聞き方をしているか考え、みんなで話し合う。	
展開 （考える） （表す）	・動画を見せて、「よい聞き手と悪い聞き手」について考えを深めさせる。 「気をつけていることや大事だと思うことを、よい例と悪い例のビデオを見ながら、よい聞き手について考えてみましょう」 【教師の手立て・対応】 ・「先生の話を聞いている時」 「先輩の発表を聞いている時」 「朝会で校長先生の話を聞いている時」 「話し合いをしている時」など、具体的な場面を示すと、意見が出やすくなる。 ・意見が出ない児童には、個別に問いかけたり、友達の意見で共感したりしたことを引き出す。	【予想される子どもの反応】 「相手を見ない態度は悪いので、話し手の"話したい気持ち"がなくなってしまう」 「関係ないことを話すと、全体の雰囲気が悪くなるよ」 「話の中心に気をつけて聞かないと相手が言いたいことが分からなくなってしまう」 「先輩や友達の発表を聞く時は、一番話したいことは何かに気をつけて聞いているよ」 「発表を聞くだけでなく、発表に対して質問や感想を言うようにしています」	**動画「よい聞き手と悪い聞き手」** ※ P.122参照 **写真カード「よい聞き手と悪い聞き手」** ※ P.119参照
まとめ （利用）	・「よい聞き手」について再度確認する。 ・次時は、質問と感想について考えることを伝える。 「話を聞くだけではよい聞き手とは言えません。聞いた上で、質問することと感想を話すことも『よい聞き手』です」	・本時を振り返り、次時への見通しを持つ。 ・「よい聞き手」に必要なことを改めて理解する。 ・次時は「質問」「感想」について学ぶことをイメージする。	

5.3　本時の指導案（第1次・3時間／全6時間）

【本時のねらい】

・話のポイントに気を付けて聞き、質問したり、感想を述べたりできる。

【本時の展開】

段階	教員の働きかけ	子どもの活動や予想される反応	教材教具
導入 （知る）	・本時は「質問・感想」について学ぶことを伝える。 【復習】 「話を聞くだけではよい聞き手とは言えません。聞いた上で、質問することと感想を話すことも『よい聞き手』です」	・本時のめあてを理解する。 【めあて】 ・よい質問とよい感想について考えよう。 ・先輩や先生の話を見て、質問したり、感想を言ったりしよう。	**質問カード** ※ P.119参照 **感想カード** ※ P.119参照
展開 （考える）	・教材動画を見せて「よい質問、よい感想」を考えさせる。 「話の中心を聞くことは大切ですが、質問と感想の違いをしっかり分けましょう」 【指導事項】 ・質問と感想の違いを確認する。 ・内容をしっかり聞いた上で、質問や感想を言うことが大切。	・教材動画を見て、「よい質問、よい感想」を考え、話し合う。 【予想される児童の反応】 「話に関係ないことを質問している」「感想なのか質問なのか分からない」「いい質問をしていて、相手の話に興味を持っていることが分かる」「僕も聞きたかったことが質問されていて、いい質問だと思う」「感想をきちんと話していて、色々な考え方があるんだなと分かる」「分からなかったら聞き返すのが大切だと思った」	**動画「よい質問」「よい感想」** ※ P.122参照 質問カード 感想カード
展開 （表す）	・動画「先輩や先生の話」を見せて、『質問・感想』の体験をさせる。 【教師の手立て・対応】 ・共感的な雰囲気の中で自分が出した質問や感想に自信を持たせたい。 ・友達の質問や感想についても「こうしたほうがいいよ」と意見交換できるようにする。 【個別の支援・指導】 ・質問や感想が出ない児童には、「いつ」「どこで」「誰が」などの観点をヒントカードとして渡すとよい。	・動画「先輩や先生の話」を見て、実際に質問したり、感想を述べたりする。 【進め方】 ・話し手の発表の後は、聞き手は拍手をする。 ・話に対して、1人1回は質問をし、感想を言う。 ・聞き手どうしの質問、感想が出てもよい。	質問カード 感想カード **写真カード** 「よい質問と悪い質問」 ※ P.120参照
まとめ （利用）	・「聞く」ことのまとめをする。 【まとめ】 ・話の中心に気を付けて聞く。 ・質問したり感想を述べたりすることが大切。 ・次時は「話す」学習をすることを伝える。	・「よい聞き手」について復習する。 ・次時の「話す」学習に対してイメージをふくらませる。	

第8章　手話科の教育実践（指導案集）

113

5.4 本時の指導案（第2次・4時間／全6時間）

【本時のねらい】

・相手にきちんと伝えるために、大切なことを理解することができる。

・自分で話題を設定することができる。

【本時の展開】

段階	教員の働きかけ	子どもの活動や予想される反応	教材教具
導入 （知る）	・本時は「今日から聞き手ではなく、逆の話し手」について学ぶことを伝える。	・本時の学習課題を確認する。 【めあて】 友達に知らせたいことを決め、話の組み立てを考えよう。	キーワードカード
展開 （考える）	・教材動画を見せて、「よい話し手と悪い話し手」について考えを深めさせる。 【指導事項】 ・手話の大きさや速さ、間の取り方に工夫して気をつける。 ・聞く人の顔を見て話す。 ・大事なことは何かを考えて、話題をはっきりさせて話す。 ・「はじめ」「なか」「おわり」の構成でまとめる。 ・話の最後に「ありがとうございました」と笑顔で言う。	・動画を見て、「よい話し手、悪い話し手」を考え、話し合う。 【予想される児童の反応】 「突然、話を始めたので話題が何か分からなかった」 「聞き手を見ずに、資料ばかり見ていたので、気持ちが伝わらなかった」 「話の切れ目がなくて、手話が小さくて聞きにくかった」 「話の内容が整理されていて、分かりやすかった」 「『はじめ』『なか』『おわり』で組み立てていたので聞きやすかった」	動画「よい話し手と悪い話し手」 ※ P.122参照 写真カード「よい話し手と悪い話し手」 ※ P.120参照
展開 （表す）	・スピーチのテーマを考えさせる。 【教師の手立て・対応】 ・「話題例」を参照させたり、休み時間やクラブの時間などにどんな話をしていたかを想起させたり、普段どんな話題で話し合っているかを思い浮かべさせるとよい。 ・知らせたい話題を付箋に書かせて黒板に貼り、友達同士で見せ合うことで様々な話題を提供できる。 ・話題を記した付箋の中から興味のある付箋に、みんなが印を付ける。聞きたい人がいると分かると、うれしくなり話したい気持ちを高めることができる。 ・話題がなかなか思い浮かばない場合には、マッピングの手法を取り	・身の回りの出来事から、友達に知らせたいことを決める。 ・知らせたい話題をいくつか考えて話す話題を決める。 ・1つの話題を1枚のふせんに書いて黒板に貼る。 ・みんなで見せ合い、他の人が聞きたい話題を知る。 【予想される児童の反応】 ・「通学路に咲いていた花について話したいです」 ・「大好きな習い事について自慢したいです」 ・「憧れのスポーツ選手について話したいです」	

段階	教員の働きかけ	子どもの活動や予想される反応	教材教具
	入れたり、グループで交流させたりしてもよい。		
まとめ （利用）	・次時は「話の組み立て」について学習をすることを伝える。 ・児童自身が次時へのイメージをふくらませるように説明する。	・テーマが決まった後は、話の組み立てを考える必要があることを知り、次時へのイメージをふくらませる。	

5.5 本時の指導案（第2次・5時間／全6時間）

【本時のねらい】

・話題を設定し、組み立てを考えている。

・聞き手に正確に伝えるために必要な言葉や指示語（三人称／PT3）の特性を理解している。

【本時の展開】

段階	教員の働きかけ	子どもの活動や予想される反応	教材教具
導入 （知る）	・「話の組み立て」が必要な理由を考えさせる。 <復習> よい話し手と悪い話し手で話し合ったことを思い出させる。	・「話の組み立て」が必要な理由を考える。 <復習> 「話を組み立てたほうがよい話し方ができる」ことに気づく。	
展開 （考える）	・「話の組み立て」で気を付けることを考えさせる。 ・動画「話の組み立て方」を見せて、発問する。 「どんなことに注意すればよいですか？」 【教師の手立て・対応】 ・「はじめ」「なか」「おわり」の項目に分けたワークシートを使って、話の順番、話の中心を意識させたい。 ※お話会の形態や1人が話す時間の目安などは、学級の実態に応じて決めておく。	・「話の組み立て」で気を付けることを考える。 ・「はじめ」「なか」「おわり」という部分があり、その流れでスピーチすると、よい話し方ができることを理解する。 ・「はじめ」「なか」「おわり」の項目に分けたワークシートを使って、話の順番、話の中心があることを理解し、自分なりにスピーチを組み立ててみる。	**動画「話の組み立て方」** ※P.122参照 **キーワードカード（はじめ・なか・おわり）** ※P.121参照
展開 （表す）	・スピーチメモの書き方を教える。 【教師の手立て・対応】 ・細かな発表原稿を作る必要はない。「はじめ」「なか」「おわり」のフレームが分かる程度のおおまかなメモをもとに話すようにしたい。	・スピーチメモを作成する。 ・話の組み立てを考える。 ・考えた「話の組み立て」をもとに、スピーチメモを作成する。	**整理前のスピーチメモ（ワークシート）** ※P.123参照

段階	教員の働きかけ	子どもの活動や予想される反応	教材教具
	・絵や写真などの資料があれば、話す意欲が増すので用意させたい。		
まとめ（利用）	・「PT3」の特性を理解させる。 ・「こそあど言葉」のように、指さし（PT3）を使うことができることを説明する。 「PT3を使って友達とやりとりをしてみよう」 【教師の手立て・対応】 ・「PT3」の特性を知るとともに、コミュニケーションの場での注意点を押さえるようにしたい。	・「PT3」の特性を理解する。 ・指さしを使って、PT3を取り入れた手話表現を考える。 ・PT3は自分と相手以外のことを示すことに使うということを理解する。	**PT3の 写 真 カード** ※ P.121参照

5.6 本時の指導案（第 2 次・6 時間／全 6 時間）

【本時のねらい】

・話のポイントをはっきりさせて出来事の報告や説明をしたりする。

・自分の話を振り返り、よりよい話を作ろうと目標を持つことができる。

【本時の展開】

段階	教員の働きかけ	子どもの活動や予想される反応	教材教具
展開（表す）	・お話会の実施 説明内容 「それでは、お話会を始めましょう。練習した自分の話を発表しましょう」「まず、1 人目の人が話します。その後に続けて、みんなから質問をしたり、感想を言ったりしてください」 ※発表後に拍手をさせるなど、お話会がしやすい雰囲気を作るようにする。 ※学級の実態に応じて、お話会の形態や手順は工夫して行う。 【個別の支援・指導】 ・質問や感想が出ない児童には、「いつ」「どこで」「誰が」などの観点を、ヒントカードとして渡しておくとよい。 ・共感する聞き方ができたらそれを褒める。 ・聞き手どうしの質問、感想が出て	・お話会でスピーチをする。 ・ここまでに学習したことを活かして、お話会を行うことを理解する。 ・話し手の発表が終わった時、聞き手は拍手をする。 ・発表者のスピーチに対して、1 人 1 回は質問をし、感想を言う。	**完成したス ピーチメモ** ※ P.123参照 ビデオカメラ 三脚

	もよい。		
展開 （考える） （表す）	・「お話会」の反省会で児童が自分で振り返りができるように指導をする。 【発問例】 「お話会をして友達の質問、感想でいいなと思ったことはどんなことがあったか、話し合いましょう」 「別の言い方をすればよかったなと思う質問はありますか」 【振り返りをしやすくする工夫】 ・振り返りカードを使う。 ・友達の意見を板書し、様々な意見を可視化する。	・「お話会」でのやりとりについて思ったことを話し合う。 ・自分の話を撮影した動画を見て自分のスピーチを振り返る。 【予想される児童の反応】 「○○さんが、上手に質問してくれたので、もっと詳しく話すことができました」 「質問してくれたので、説明が足りないところが分かりました」 「○○さんの感想は、同じような思い出を話してくれたので、真剣に聞いてくれた感じがしてうれしかったです」 「発表の時に話してくれていたことを、もう一度聞いてしまいました」	テレビ黒板 ビデオカメラ ホワイドボード（振り返りのため） **振り返りカード**「よかった点」「悪かった点」「次に気を付けること」 ※ P.121参照
まとめ （利用）	・「よい聞き手・話し手」の単元を振り返らせる。 【説明】 「よい聞き手、よい話し手のポイントに気を付けることは大切なことです」 【発問】 「これからどんな時によい聞き手・よい話し手に気を付けますか？」 【教師の手立て・対応】 ※「よい聞き手」「よい話し手」のポイントを模造紙にまとめるなどして教室に掲示し、いつでも参考にできるようにする。 ※手話の時間だけでなく、日常の会話の中で、繰り返し指導していくようにする。	・「よい聞き手・話し手」の単元を振り返る。 【考えること】 「どんな時によい聞き手・よい話し手に気を付けたらよいか？」 【予想される児童の反応】 ・学級会の話し合いの時です。 ・朝の会で先生や友達の話を聞く時。 ・相手の反応を見て、自分が悪い話し方をしていることに気付いたらよい話し方に変える。	写真カード 「よい聞き手」 「悪い聞き手」 「よい話し手」 「悪い話し手」 「よい質問」 「悪い質問」

6 教材

①国語教科書「よい聞き手になろう」(『国語三上わかば』光村図書)

②カード

キーワードカード

大事なことを落とさずに聞く。

にっこり笑ってうなずく。

話す人の顔を見る。

笑顔ではく手をする。

「えー」「すごい」「なるほど」

自分だったらと考える。
自分の知っていることとつなげる。

話の中心に気をつけて聞く。

事実と自分の考えを区別して話す。

聞く人の顔を見て話す。

話す速さや間の取り方などを工夫する。

手話の大きさや速さに気をつける。

「ありがとうございました」と
言って、にっこり笑う。

「はじめ」「なか」「おわり」

話題をはっきりさせて話す。

大事なことは何かを考えて話す。

写真カード「よい聞き手」

真剣に聞く

相づちをうつ

拍手をする

「悪い聞き手」

話し手を見ない

無表情で聞く

話を聞かない

拍手をしない

「質問カードと感想カード」

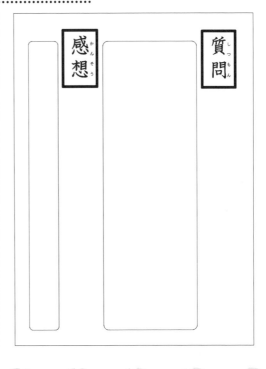

写真カード「よい質問と悪い質問」

※動画の一部を使って発言の区別ができるようカードを作る。

感想ではない発言

質問になっていない発言

質問内容が悪い①

質問内容が悪い②

写真カード 「よい話し手と悪い話し手」

※動画の一部を使って発言の区別ができるようカードを作る。

よい話し手

手話が小さい

手話が速い

間がない

聞き手を見ない

いきなり話し出す

お礼を言わない

まとまりがない

キーワードカード（はじめ・なか・おわり）

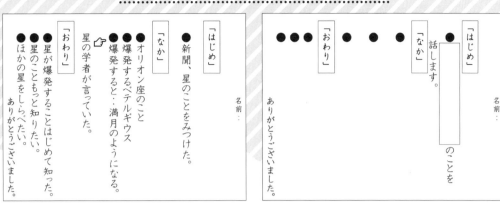

名前：

「はじめ」
● 新聞、星のことをみつけた。

「なか」
● オリオン座のこと
●● 爆発するベテルギウス
● 爆発すると…満月のようになる。
☞ 星の学者が言っていた。

「おわり」
● 星が爆発することはじめて知った。
● 星のこともっと知りたい。
● ほかの星をしらべたい。
ありがとうございました。

名前：

「はじめ」
● ［　　　］のことを話します。

「なか」
● ● ● ●

「おわり」
●●●
ありがとうございました。

写真カード　PT3

振り返り（自己評価）カード

自己評価カード

名前：

話す時のたいど
手話の大きさや速さに気をつける。　◎・○・△
話す速さや間の取り方などを工夫する。　◎・○・△
聞く人の顔を見て話す。　◎・○・△

話す内容
大事なことは何かを考えて話す。　◎・○・△
話題をはっきりさせて話す。　◎・○・△

話の組み立て
「はじめ」「なか」「おわり」　◎・○・△

③自作動画

「よい聞き手と悪い聞き手」

よい聞き手　　　　　　悪い聞き手

「よい質問」「よい感想」

「よい話し手と悪い話し手」 　　　「話の組み立て方」

よい話し手　　　　　　悪い話し手　　　　悪い例：整理されてい　　よい例：「はじめ」「な
　　　　　　　　　　　　　　　　　　　　ない話し方　　　　　　か」「おわり」で整理
　　　　　　　　　　　　　　　　　　　　　　　　　　　　　　　された話し方

④スピーチメモ

整理前のスピーチメモ

名前

●「はじめ」アニサキスの話します。

「なか」のことを

●「おわり」

●●●

ありがとうございました。

完成したスピーチメモ

名前

●「はじめ」アニサキスの話します。

●「なか」のことを

●大きさ

●いつから？（分かった）

●どうして？ どこにいる？

●「おわり」つりをしたイカを食べませんよ
みんな注意してください

●●●

ありがとうございました。

スピーチメモを見ながらスピーチしている様子

7 | 児童の反応

・「よい聞き手」について考えたおかげで、児童自身が「よい聞き手」になろうとする姿が見られた。
・発表に対して質問を考えて、聞くことができた。また、質問に答えられるよう、考えて答える姿も見られた。
・本学習を通して、他教科や休憩時間、朝の会などで活用できるよう、意識させたい。

コラム
ろう者ならでは話し方と聞き方を身につけさせるために

ろうコミュニティには、「話し方や聞き方」について暗黙のルールがある。ろう児に話し方・聞き方の指導をするときは、以下のことに気をつけて欲しい。

**結論から話す、確認しながら話す、手段をはっきりさせる
上手な話し方にはCLとRSが必要、側聞できる環境を作る**

察する文化をもつ日本人の聴者は、あえて結末をにごすような話し方をすることがあるが、ろう者は結論から話すことが多い。例えば「すごいこと（〈オーバー〉）があったの！」から始まるなどである。また、ろう者の話し方には確認が欠かせないため、一方的な話し方をする子どもがいれば、「みんなの反応を見ながら話そう」と促す必要がある。話のはじめ方にも、「明日、遠足だよね？」などの確認が求められる。さらに日本手話は、物事を具体的に伝えることを好む言語のため手段をはっきりさせなければならない。「静岡のおばあちゃんの家に行く」時に、車で行くのか、新幹線で行くのかで動詞の形が変わるからだ。また、リアルな情報を伝えることができるCLとRSは、話し方の上手さを左右する。「手話遊び（言葉遊び）」などができるCLは、話の盛り上がりには欠かせない。例えば「あごが外れて、あごが宇宙まで飛んでった〜！」などはCLならではの表現である。こうした「ろう者の話し方や聞き方」を身に付けるためには、先生だけを見るのではなく友だちの話を見ることを促し、できれば、大人同士が手話で会話している様子を見せ、側聞から学べる環境づくりを心がける必要がある。これらは、ろう児の思考スタイルからも言えることで、ろう児の思考スタイルについては『聞こえなくても大丈夫！』（阿部敬信編著、ココ出版）の第3章（狩野桂子、玉田さとみ）を参考にされたい。

手話文学
「森に棲む人」を楽しむ

小学部3・4年

1 単元のねらい

　ろう者の手話語り「森に棲む人」を紹介することで、登場人物の特徴を理解して、場面の移り変わりを整理し、物語を要約したあらすじを表現できることをねらいとした。文法面では、CL表現とRS表現を整理・理解できるようにする。

※「森に棲む人」（出演：川島清、DPRO2003手話語りを楽しむ会DVD）は、小人の族長と小学校の女の子が出会い、族長の母をさらった鷲と戦うというファンタジーである。

【知る】
・「森に棲む人」のあらすじを知る。
・登場人物の特徴を知る。

【利用する】
・物語を要約する方法を身に付け、あらすじを表現できる。
・登場人物の特徴をイメージできる。

・手話文学を楽しむことができる。
・場面の移り変わりを考えることができる。
・CL表現やRS表現から、イメージを作ることができる。
・要約力を身に付ける。

【考える】
・場面をどう整理するか考える。
・登場人物のCL表現やRS表現を見て特徴を考える。

【表す】
・特徴をイラストで表現して理由を説明する。
・場面の区切りの理由を説明する。

2 単元の評価方法

パフォーマンス評価
・場面ごとのあらすじを適切に表現できる。
・語彙の例文を作ることができる。

3 単元の計画（全10時間）

次	時	本時の目標・評価	教員の教授活動	子どもの活動
第1次	1	・場面の移り変わりに注意しながら読み、登場人物の特徴を読み取って、人物の行動や情景などを把握できる。	・手話ＤＶＤの範読を聞き、感想を話し合わせる。 ・登場人物を確認させる。	・ＤＶＤを見る前に「森に棲む人」の概要を知ろう。（作者、大まかな内容など） ・ＤＶＤ視聴後、感想を発表しよう。 ・物語に出てくる登場人物を確認しよう。
第1次	2	・サインネームの由来、様々な意見や手話表現を比較し、考え方の違いなどについて、意見を伝え合うことができる。	・物語に出てくるサインネームを読み取り、なぜこのようなサインネームになったのか考えさせる。	・サインネームを見つけて、サインネームの由来を考えよう。 ・どんな人物かイラストを描き、理由を発表しよう。
第2次	3　指導案	・物語の中から知らない語彙を見つけ出すことができる。 ・手話語彙を表現できる。	・物語に出てくる語彙のうち、子どもがはじめて知る語彙について確認する。 〜語彙の例〜 【よかった】 合格／よかった 間に合った／よかった 【あんまり】 秘密／あんまり 嫌われる／あんまり など	・物語を見て知らない語彙を見つけ、メモしよう。 ・語彙を出し合って確認し、知らなかった語彙について発表しよう。
第2次	4　指導案	・手話語彙の使い方など細かい点に注意しながら読み、手話語彙の例文を考えることができる。	・難しい語彙の意味を理解させる。 ・難しい語彙の例文を考えさせる。	・それぞれの語彙の例文を考え、発表しよう。 ・複数の語彙を組み合わせて例文を考えよう。
第3次	5	・場面の移り変わりを確認し、場面の特徴を相手に分かるように伝えることができる。	・語彙カードを使って場面の移り変わりを意識させる。 ・場面の移り変わりを示す手話表現を確認する。 ・場面ごとの登場人物の気持ちの変化が分かりやすいように、板書する。	・場面はいくつあるか確認して、発表しよう。 ・場面が変わる時の表現は何かを見つけよう。 ・場面ごとの特徴を発表しよう。
第3次	6	・場面ごとの対比について意見を述べることができる。	・場面ごとに語り手の言いたいことを考えさせる。 ・場面ごとの手話表現を比較させる。 ・第1場面と第5場面の相違点を板書する。	・「森に棲む人」が言いたいことを考えてみよう。 ・第1場面と第5場面でどのような手話表現があったかを確かめよう。 ・第1場面と第5場面の相違点について意見交換しよう。

	7	・「森に棲む人」の紙芝居を作成する。	・紙芝居を作成したら、紙芝居をスキャンする。	・場面ごとの紙芝居を作成しよう。
第4次	8			**子どもが創作した紙芝居** ※ P.132参照
	9	・あらすじを発表できる。	・作成した紙芝居を使って、あらすじを5分以内にまとめ、練習させる。 ・紙芝居を使って説明したあらすじを収録する。	・あらすじを5分以内にまとめ、練習しよう。 ・あらすじを収録しよう。 **あらすじを収録する様子** ※ P.132参照
	10	・自分の発表や友達の発表を振り返り、反省や感想、意見などを話し合うことができる。	・収録した1人1人のあらすじを視聴し、反省や感想、意見を述べさせる。	・収録したあらすじを見て反省や感想を述べよう。

「森に棲む人」の作品構成

場面	段落	ストーリーの内容
1 引っ越し	1 引っ越し 2 池に落ちる	三つ編みの女の子は、東北地方のおばあさんのところに引っ越しをする。おばあさんは、通学途中にある池には絶対に入らないように！という。ある寒い朝、女の子が池の近くを通ると、小人が踊りながら池の中心にある神社の島に向かって行くのを見る。興味を持った女の子が凍った池を渡ろうとした途端、氷が割れて池に落ちる。
2 小人と 出会う	3 小人に助けられる 4 小人との交流 5 小人からの願い	女の子を助けた小人たちは、彼女の体が大きいことに驚いて縄をかけて拘束した後、怖がって森に隠れた。小人の族長が女の子の顔に近づいて「どこから来たのか」と質問をする。しかし、彼女がろう者だと知ると、表情でコミュニケーションをとりはじめる。女の子が面白がって笑った拍子に縄が切れ、起き上がった。怖がる小人に、女の子は自分のお弁当を出して、仲良くしなろうとする。族長はお弁当を食べ、彼女を信じることにした。 そして、族長は、鷲に連れ去られた母のことを話した。鷲のところへ行って戦いたいが、とても遠くて行けそうもないので、彼女の足を借りたいと願う。
3 戦いに 向かう	6 岩山に向かう途中 7 岩山の頂上での戦い 8 鷲が言いたいこと	女の子の肩に乗った族長は、鷲が住む岩山に向かいながら森林が無くなっていることに違和感を持つが、途中の町で温泉などを大いに楽しむ。「いや、違った！戦いに行かなくては」と再出発。岩山に着くと、族長は「ここからは私の戦いだ！」と女の子に感謝を告げ、岩山を登る。やがて頂上に着き、牢屋に閉じ込められている母を見つける。戦いを挑もうとする族長に鷲は言った。「なぜ今まで来なかった！もう手遅れだ。わしが言いたいことは、あれだ！」。族長が振り向いた先にあったのは、空港、ビル、高速道路……。森はもう街になっていた。
4 別れ	9 ショックを受ける小人 10 小人が旅に出て別れる	ショックを受けた族長と小人たちは、翌日、わずかに残った森の端から姿を消した。仲良くなった女の子は、もう小人に会うことはなかった。

4 指導のポイント

ろう児に適した学習のスタイル
単元に入る時に必ず、「単元のねらい」を理解させる。
「森に棲む人」を視聴する前に、作者や大まかな内容を説明する。
子どものサインネームの由来について質問するなどして、サインネームについて理解しているか確認する。
場面の区切りを考えさせるための工夫を行う。 例：場面の区切りだと思ったところで手をあげさせる。 　　動画を視聴しながら、どの場面で区切るかみんなで細かくやりとりし、確認する。
子どもが分からない語彙がありそうな時は（例：／うんざり／って何？）それを見逃さず、語彙の意味を確認するようにする。
子どもが語彙の意味を理解しているか把握するためには、例文を作らせて、確認するとよい。
あらすじについて発表する時は、発表時間の制限を決めておく。

授業前の子どもの実態把握

（Aよくできる／ある　B大体できる／ある　Cできる／ある　Dできない／ない）

	内容	チェック（AからD）
1	CL表現とRS表現の違いが分かるか。	
2	手話文学を最後まで視聴できるか。	
3	作品に対する自分の考えを述べることができるか。	
4	サインネームの意味が分かるか。	
5	興味を持った映画やドラマなどの内容を要約して話すことができるか。	

5.1 本時の指導案（第2次・3時間／全10時間）

【本時のねらい】

・物語の中から知らない手話語彙を見つけ出すことができる。

・初めて見る手話語彙を適切に表現することができる。

【本時の展開】

段階	教員の働きかけ	子どもの活動や予想される反応	教材教具
導入 （知る）	・知らない語彙があることに気づかせ、語彙に着目させる。 <導入例>【よかった】 ①【よかった】の似ている語は何か。 ②【よかった】の語彙動画を見せる。 ③【よかった】の例文を考えよう。 以上の繰り返しをして2〜3つの語彙を導入する。	・「森に棲む人」の動画を見て、知らない語彙を見つけよう。 <児童が気づく語彙> よかった／警戒／いいや／不明／はっきり／など	**動画「森に棲む人」** ※ P.131参照 **語彙カード（導入用）** ※ P.131参照
	自分の知らない手話語彙があることに気づき、着目することの大切さを知る。		
展開 （考える）	・学習活動を説明する。 「知らない語彙を探し出して発表する」 ・語彙を見つけるのが難しい児童は、まず1つ見つけさせ、慣れてきたら語彙を増やして指定する。 ・「川」「山」のような単語ではなく、<目が安い><疑問>のような語彙を見つけるように指導する。	・ペアまたはグループに分かれて活動する。 ・物語を見て、分からない語彙を見つけ、メモをする。 ・友達同士で語彙の表現を見せ合う。 （動画にあった文をシャドーイングしてもよい）	語彙メモ帳
展開 （表す）	・知らない語彙をはっきり表せるよう、指導する。 ・グループによっては、「その語彙はどのような内容から出てきた語かな？」と考えさせる質問をしてもよい。	・グループごとに「知らない語彙」を発表する。 ・「この語彙は、この文の中にあります」	動画「森に棲む人」 語彙ごとの動画 語彙カード
まとめ （利用）	・語彙の復習をさせる。 「今度はNMも見てみよう」 ・全員が表現活動に参加していることを確認する。	・語彙の動画を見て、語彙の表現の復習をする。 ・語彙を表出する時のNMを意識して表現する。	語彙ごとの動画 語彙カード

第8章 手話科の教育実践（指導案集）

129

5.2　本時の指導案（第２次・４時間／全10時間）

【本時のねらい】
・手話語彙の使い方など細かい点に注意しながら読むことができる。
・初めて知る語彙の意味を理解し、文を考えて表現することができる。

【本時の展開】

段階	教員の働きかけ	子どもの活動や予想される反応	教材教具
導入 （知る）	・前時で学んだ語彙の例文を考えさせる。 <導入例>【よかった】 ①【よかった】の例文をいくつか見せる。 「<急ぐ><走る><手遅れ> <思う><無事><ＰＴ１> <よかった>」 ②例文を見て【よかった】の意味を理解させる。 ③【よかった】の他の文を考えさせる（イラストを掲示）	・【よかった】の例文を見て意味を考える。 ・イラストを見て自分で【よかった】の語彙を使った文を考える。 ・友達の作った文を見て感想を言う。	動画「森に棲む人」 語彙ごとの動画 語彙カード **動画「よかった」の例文** ※次頁参照 ホワイドボード→手話ラベルを板書する
展開 （考える）	・語彙の文を考えさせる。 「文を作る前に語彙の意味を理解することが大切です」 ・うまく文が作れない児童には穴埋め形式でヒントを出してやる。	・語彙カードの中から語彙を選び、自分で文を作る。 ※ペアまたはグループに分かれるとなおよい。 ・早く終わった児童は他の語彙の文を考える。	語彙カード 例文用手話ラベル用紙 **ワークシート** ※ P.131〜132参照
	「文を作る時、その文に合う語彙を選ぶとよい」ことに気づかせる。		
展開 （表す）	・語彙を使った文を流暢に表せるよう、指導する。 ・例文を表現する時にＮＭも共起するよう、意識させる。	・それぞれの語彙の例文を考え、発表する。 ・発表された例文を他の児童がシャドーイングする。	語彙カード 例文用手話ラベル用紙
まとめ （利用）	・物語の中にある「語彙を使った物語の文」を復習させる。 「語彙の意味を考えて、物語の文を１つずつ読もう」 ・通読するのではなく、精読するよう、指導する。	・「森に棲む人」の物語の文を改めてシャドーイングする。 ・語彙を意識して物語の文の意味を答える。	動画「森に棲む人」 語彙カード

6 教材

① DVD「森に棲む人」　川島清（DPRO2003手話語りを楽しむ会 DVD）

②語彙カード
※「森に棲む人」の動画と写真は、川島清氏の許可を得て公開及び掲載しています。

③自作動画
「語彙ごとの動画」
※動画「森に棲む人」から作った語彙カードを参考に語彙ごとの表現をみつける

④動画「よかった」の例文

⑤ワークシート
・CL 表現と RS 表現を読み取り、サインネームから登場人物のイメージを考えるためのワークシート

・物語に出てくる難しい語彙を見つけ、例文を考えるためのワークシート

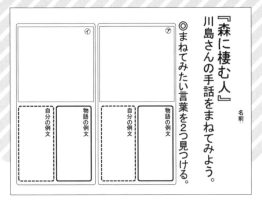

子どもが創作した紙芝居

紙芝居のあらすじを手話で表現して収録している様子

7 児童の反応

・手話文学の世界に触れることで、手話文学の鑑賞を楽しむとともに内容を正確に読み取ろうとする態度が見られた。
・手話独特の語彙を他のところで使えるようになった。
・紙芝居の発表を通して、「森に棲む人」に対する理解を深めることができた。

手話文学

　「森に棲む人」を制作した DPRO は1995年に日本手話とろう文化の理解と普及を目指して設立された団体である。「手話言語学」「手話翻訳」「手話文学」「ろうの歴史」という研究チームがある。「手話文学」のチームが中心となり、1997年から2003年まで、毎年、いろいろなろう者を招いて「手話語りを楽しむ会」が行われ、DVD として販売された。それまで、ろう者の手話語りが動画として残っているものは数えるほどしかなかったが、「DPRO・手話語りを楽しむ会」の DVD によって、様々なろう者の手話語りを楽しめるようになり、明晴学園でも教材として使用している。

　本単元の教材として使った川島清氏の「森に棲む人」は、手話文学として優れた教材である。物語の構成がとても良く、子どもたちがドキドキするファンタジーで、友情の意味や自然の大切さなどを深く考えさせられる作品である。CL や RS、視線の動き、空間の使用によって、「森に棲む人」の世界に引き込まれるだけでなく、年配のろう者が使っていた手話の語彙もいくつか登場し、世代によって手話が異なることを発見することもできる。

　また、難しい語彙も数多く出てくるので、今まで使ったことのない語彙を例文で表し、難しい文ができたという喜びを味わうこともできる。

第8章　手話科の教育実践（指導案集）

話す・聞く
「学級討論会をしよう」

小学部 5・6 年

1　単元のねらい

　本単元は、小学部の「話し合い」の能力を完成させる段階である。1つの問題を肯定・否定の両面から検討し、より多くの人を納得させるための話し合いを計画的に進める能力を育てる。同時に、討論の流れを聞く立場にも焦点を当てる。聞き取りの観点を持ち、議論を評価することを通して、聞いて理解する能力と態度の育成を目指す。

【知る】 ・討論会の意義とよりよい討論の聞き方や主張の仕方を理解する。	【利用する】 ・討論は進め方や対立の調整などが必要なことを理解し、他教科の学習などで積極的に活用する。

・立場や意図を明確にし、疑問点を整理しながら討論することができる。
・話し手の意図を捉え、自分の意見と比較し、考えをまとめることができる。
・討論会における言葉の使い方について関心を持つ。

【考える】 ・討論会の話題に沿って、話し手の意図を捉えながら聞いて理解し、自分の意見と比べたりして、考えをまとめる。	【表す】 ・互いの立場や意図をはっきりさせながら疑問点を整理し、自分の意見を述べたり質問したりして、討論する。

2　単元の評価方法

パフォーマンス評価

・十分な討論を行うことができる。

（質問の仕方、質問に対する答え方、主張のまとめ方、発表の仕方など）

3　単元の計画（全7時間）

次	時	本時の目標・評価	教員の働きかけ	子どもの活動
第1次	1	・討論会のねらいや準備について知り、学習の見通しを持つことができる。	・これまでの「話す・聞く」活動を振り返る。 ・討論について知り、学習課題を確認し、学習の見通しを持たせる。 ・教科書を読み、討論会の進め方と準備するものを知らせる。 **PPT「討論会の進め方」** ※ P.138参照	・これまでの「話す・聞く」活動を振り返って、うまくいったことや難しかったことを話し合おう。 ・討論とは何だろうか。これからの学習課題を知り、見通しを持とう。 ・討論会の進め方や準備するものについて考えよう。
第1次	2	・討論会のビデオを見て、討論会の進め方を理解し、主張の仕方や質問の仕方などを理解することができる。	・討論会ビデオを見て、討論会の進め方と、説得力のある意見の述べ方を知らせる。 ・気づいたことを話し合いながら、説得力のある意見の述べ方について考えさせる。	・先生や先輩たちの討論会のビデオを見て、討論会の進め方や上手な意見の述べ方を考えよう。
第2次	3 （指導案）	・討論を聞く時に大切なことや気を付けたいことを理解することができる。 ・討論会のねらいを理解した上で、話題を決めることができる。	・討論会のビデオの「主張」の部分を聞き、キーワードを正しく捉えさせる。 ・「質疑応答」の部分を聞き、質問の仕方を確かめさせる。 ・「最後の主張」を聞き、2つの立場の違いを考え、意見をまとめる練習をする。	・討論を聞く時の大切なポイントを確かめよう。 ・討論会の話題を決めよう。
第2次	4	・討論の話題に対して自分の考えを持ち、学級討論会に向けて準備をすることができる。	・話題に対して、肯定と否定両方の立場で自分の考えを持つことを伝える。 ・グループを作って、役割を決める。 ・グループごとに相談して討論会の準備をさせる。 ・討論会の流れを再度確認し、学習をまとめる。 **ワークシート** ※ P.139参照	・討論会の準備をしよう。
第2次	5			
第2次	6	・討論会の形式に沿って、計画的に話し合うことができる。 ・討論会の意義とよりよい討論の聞き方や主張の仕方を理解することができる。	・討論会の流れとポイントを再度確かめる。 ・グループに分かれて、1回目の討論会を行う。	・学級討論会をしよう。

第8章　手話科の教育実践（指導案集）

135

第3次	7	・討論会の形式に沿って、計画的に話し合うことができる。 ・討論会の意義とよりよい討論の聞き方や主張の仕方を理解することができる。	・グループを変えて2回目の討論会を行う。 ・学習を振り返り、まとめる。	・2回目の学級討論会をしよう。 ・これまでの学習を振り返ろう。

4 指導のポイント

ろう児に適した学習のスタイル
ろうに合ったやり方で、討論会を進める。
ろうに合った話し方や構成で、主張する。
言葉遣いと態度に気を付ける。
ワークシートの書き方、メモの取り方を教えるとよい。

授業前の子どもの実態把握

（Aよくできる／ある　B大体できる／ある　Cできる／ある　Dできない／ない）

	内容	チェック（AからD）
1	聞く態度を身に付けているか。	
2	積極的に話し合い、活動に参加しようとしているか。	
3	計画的に話し合う能力があるか。	
4	話し手の意図を捉えながら聞くことができるか。	
5	考えをまとめることができるか。	
6	互いの立場や意図を理解することができるか。	

5 本時の指導案（第2次・3時間／全7時間）

【本時のねらい】

・討論を聞く時に大切なことや気を付けることについて理解することができる。

・討論会のねらいを理解した上で、話題を決めることができる。

【本時の展開】

段階	教員の働きかけ	子どもの活動や予想される反応	教材教具
導入 （知る）	・学習課題を確認する。 ・前回は、よい主張や質問の仕方を考えました。今日は討論を聞く時のポイントをみんなで確かめていきましょう。		PC 黒板 **ポスター** ※ P.139参照

	・その後、討論の話題を決めて、自分の考えを持つ時間にします。		
	・討論を聞く時の大切なポイントを確かめよう。 ・討論会の話題を決めよう。		
展開 （考える）	・討論会ビデオの「主張」の部分を聞き、キーワードを正しく捉える。 「『始めの主張』の部分を討論会ビデオで流します。それぞれの主張で大切な言葉を聞き取りましょう。また、主張に対して思うことを探して、あなたならどのような質問をするか、考えましょう」		PC 黒板 ポスター **動画「教員による討論会のモデル」** ※ P.138参照
展開 （表す）	・「質疑応答」の部分を聞き、質問の仕方を確かめる。 ・「最後の主張」を聞き、2つの立場の違いを考え、意見をまとめる練習をする。 「『質疑応答』の部分を討論会ビデオで流します。相手の答えに対して、納得できることとできないこと、さらに質問してみたいことはないかを考えて聞きましょう」 「聞く時は、主張と根拠がずれていないか、根拠に説得力があるかということに気を付けるといいですね」 「『最後の主張』の部分を討論会ビデオで流します。2つの立場のいちばん大きな違いは何かを考えて聞きましょう。また、それを踏まえて、あなたならどちらの立場がふさわしいと思うのか、自分の考えを書きましょう」	「学級文庫の役割の考え方が違います」 「肯定グループは、学級文庫の役割を『楽しいもの』と考えています」 「否定グループは、学級文庫の役割を『家では読まない本を読む場』と考えています」	PC 黒板 ポスター 動画「教員による討論会のモデル」
まとめ （利用）	・討論会の話題を決める。 「今日の授業で分かったこと、考えたこと、これからやってみたいことを書きましょう。」 「討論会の話題は何がよいか、話し合いましょう。」		PC 黒板 ポスター

6 教材

①国語教科書「学級討論会をしよう」(『国語六創造』光村図書)

② PPT「討論会の進め方」

討論会の進め方
①始めの主張
　・肯定グループ　　・否定グループ
　〇聞くグループの相談タイム(5分間)
②質問とその答え(質問は聞くグループ)
　〇肯定・否定グループの相談タイム(5分間)
③最後の主張
　・肯定グループ　　・否定グループ
　〇聞くグループの相談タイム(5分間)
④まとめ(聞くグループ)

主張するグループ

〇グループ内で分担をする。
　・始めの主張
　・質問に答える人
　・最後の主張をする人

〇意見の組み立てを考え、始めの主張、予想される質問とその答えについて話し合う。

〇最後の主張を考える。

聞くグループ

〇グループ内で分担をする。
　・質問をする人
　・まとめを言う人

〇肯定・否定グループそれぞれの立場がどのような主張をするかを予想する。

〇予想される主張に対して質問を考える。

③自作動画

討論会のモデル ▶
・・・・・・・・・・・・・・・・・・・

④ワークシート「学級討論会をしよう」

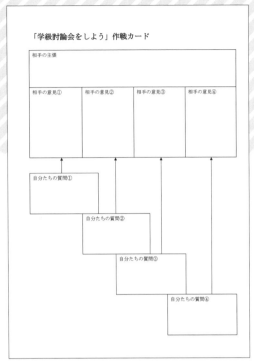

⑤ポスター

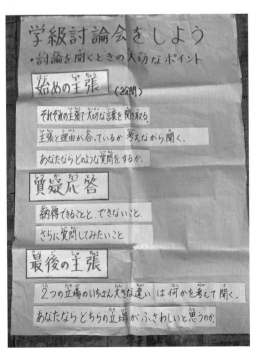

7 児童の反応

・主張などで発表する時、メモを見て、考えながら話す様子が見られた。
・「話し合い」と「討論」の違いを知ることができ、「討論」が終わった後の感想がたくさん出された。（準備が大変だった、想定していない質問がきてあわてた、難しかったなど）
・本学習の経験を、朝の会や委員会などの話し合いに活用できるよう、引き続き、指導していく必要がある。

日本手話による討論

　聴者は、学校の授業で自分の第一言語（母語）を使って話し合ったり、討論したりすることをごく普通に体験する。しかし、ろう児が自分の第一言語（日本手話）で話し合ったり討論したりすることができる場所は、明晴学園（とりわけ手話科）しかない。さらに、日本手話による討論のモデルは、家庭にもテレビなどのメディアにも存在していない。つまり、ろう児たちは明晴学園の手話科で初めて討論というものを知り、討論の方法などを学ぶ。

　ここで重要なのは、十全に通じ合える言語を共有しているということで、それにより質の高い討論が可能になっている。この前提があるからこそ、学習言語としての日本手話の力も育っていくのである。

手話文学・ろう者学
「手話狂言の世界」

小学部 5・6 年

1 単元のねらい

　手話狂言とは、ろう文化の中の芸術の 1 つであり、30 年以上の歴史がある。1987 年には文化庁芸術祭賞や第 8 回松尾演劇賞演劇特別賞を受賞している。古典芸能の強靭さと手話の豊かな表現力をあわせもっている。

　本単元では、狂言特有の動き（構え、運び）および古典芸能にふさわしい手話表現について学び、手話狂言の世界に触れることをねらいとした。日本ろう者劇団の手話狂言「仁王」の動画鑑賞および実体験を通して、古典に親しみ、文化の継承の重みに気づかせる。

【知る】
・手話狂言独特の所作や言い回しがあることを知る。

【利用する】
・日本の伝統文化や歴史の学習につなげる。
・手話文学のジャンルを広げる。

・手話狂言「仁王」の役割を決めて自分の思いが伝わるように演じることができる。
・昔の人のものの見方や感じ方、時間の経過による手話の変化に気づくことができる。

【考える】
・どんな時に手話狂言独特の言い回しをするのかを考える。

【表す】
・手話狂言の面白さを伝えられるように工夫しながら発表する。

2 単元の評価方法

パフォーマンス評価

・狂言の動き（構え、運び）を適切に表現できる。
・手話表現の動きと語句（相分かった、太郎冠者、次郎冠者、試す、どこ？）を適切に表現できる。

第8章　手話科の教育実践（指導案集）

3　単元の計画（全10時間）

次	時	本時の目標・評価	教員の教授活動	子どもの活動
第1次	1	・手話狂言に関心を持ち、学習計画に意欲的に取り組むことができる。	・手話狂言には独特の言い回しや所作があることに触れ、現代の言葉遣いと比較しながら感想を述べさせる。 ・学習計画についてきちんと確認させ、児童の心の準備をさせる。	・手話狂言「仁王」のビデオを見て、感想を述べよう。 ・学習課題を設定し、学習計画を立てよう。 1　学習課題を持つ。 2　「仁王」を観て手話狂言について知る。 3　話の筋をつかむ。 4　練習をする。 5　発表会をし、学習のまとめをする。
第1次	2 (指導案)	・現代とは異なる言葉遣いや言い回しに気づくことができる。	・登場人物をおさえておく。 ・今とは違う言葉遣いや独特の言い回しの意味を確認させる。 分かった／試す／過去形	・「仁王」の登場人物を確認しよう。 ・登場人物の手話表現を見て、現代とは違う言葉遣いや手話狂言独特の言い回しを確認しよう。 ・上記の言い回しを実際に表現してみよう。
第1次	3	・「仁王」の話の筋をつかみ、場面分けができる。	・前時の復習も兼ねて、登場人物の特徴について触れておく。 シテ／アド／小アド／立頭／立衆 ・話の筋を確認させる。 ・どんな場面かおさえておく。	・登場人物の特徴について考えよう。 ・「仁王」を観て、話の筋をつかみ、場面分けをしよう。 〜場面分け〜 1　シテとアドの出会い 2　アドの入れ知恵（仁王に仕立てる） 3　立衆の参詣 4　小アドの参詣
第1次	4	・「仁王」の面白さに気づくことができる。 ・手話狂言を通して、昔の人のものの見方や感じ方について理解できる。	・狂言のおもしろさについて考えさせる。 ・伝統文化としての手話狂言は、ユーモアも伝えていることをおさえる。	・「仁王」のおもしろいやり取りや表現をあげて発表しよう。 ・手話狂言の特徴（ユーモア）について考えてみよう。
第2次	5・6	・手話狂言の基本動作や独特の言い回しを意識して演じることができる。	・日本ろう者劇団から講師を迎える。（デフゲスト） ・講師に対する礼儀を守るように話す。	・手話狂言の基本動作（構え・運び）、言い回しなどの練習をしよう。 ・ミニ会話を盛り込んでミニ手話狂言を体験しよう。
第2次	7.	・手話狂言の楽しさを味わいながら、発表できる。	・子ども同士で役割分担の話し合いをさせる。	・発表会に向けて、役割分担をしよう。

第3次	8・9		・演じ方の工夫を話し合わせる。	・演じ方の工夫を話し合いながら練習しよう。
	10	・手話狂言や日本の伝統文化について、感じたことや考えたことを述べることができる。	・これまでの学習を振り返る。 ・時間があれば、他の手話狂言の演目を簡単に紹介し、関心を広げさせる。	・これまでの学習を振り返ろう。 ・手話狂言や日本の伝統文化について、感じたことや考えたことを話し合おう。

「仁王」の作品構成

	場面	ストーリーの内容
1	シテとアドの出会い	賭博で財産を失った男（シテ）が、博打仲間（アド）のところに相談にいく。
2	アドの入れ知恵 （仁王に仕立てる）	アドは「仁王になりすまして賽銭を騙しとる」という話をシテに持ちかける。
3	立衆の参詣	シテが仁王の姿になりすまして立っていると、アドが連れてきた参詣人たちが次々と願い事を言い、賽銭を置いていく。味をしめたシテは、参詣人たちが帰っても、その場に残って次の参詣人を待つ。
4	小アドの参詣	次にやって来たのは足の悪い参詣人（小アド）。願をかけて、仁王になりすましているシテの足をさすると、シテはくすぐったくて動いてしまう。小アドはシテが仁王になりすましていることを見破り、シテを追いかける。

4 　指導のポイント

ろう児に適した学習のスタイル
現代に生きる子どもたちが古典に親しむことの価値に気づくために、役割を決めて演じたり、言葉遣いや言い回しを現代と比べたり、思ったことを述べ合うなどの活動を取り入れるとよい。
中学校の古典学習への架け橋になるようにする。
自分たちの国で脈々と受け継がれてきた伝統文化およびろう文化の魅力について知ることは、非常に意義深い活動となる。
社会科の調べ学習、文化祭での発表などと連携した学習も可能である。

授業前の子どもの実態把握

（Aよくできる／ある　B大体できる／ある　Cできる／ある　Dできない／ない）

	内容	チェック（AからD）
1	日本の伝統行事（節分など）について話すことができるか。	
2	手話文学を最後まで視聴できるか。	
3	作品に対する自分の考えを述べることができるか。	
4	日本の昔話と現代を比較することができるか。	
5	今まで自分が演じた役について説明できるか。	

　本時の指導案（第１次・２時間／全10時間）

【本時のねらい】

・手話狂言「仁王」の動画を見て、現代と異なる言葉遣いや言い回しを理解し、台詞を
　表現できる。

【本時の展開】

段階	教員の働きかけ	子どもの活動や予想される反応	教材教具
導入 （知る）	・登場人物の確認を簡単にする。 ・言葉遣いや狂言独特の言い回しを確認させる。 ・下記の言葉をおさえておく。 　分かった／試す／過去形 手話狂言独特の手話表現があることに気づかせる。	①登場人物を確認する。 ②現代とは違う言葉遣いや狂言独特の言い回しを確認する。 ・「仁王」の動画を見る時、１つずつ手話表現を見て気づいた独特の言い回しについて意見交換する。	**動画「手話狂言　仁王」** ※ P.146参照 **PPT「あらすじ」** ※次頁参照 登場人物の写真 **言葉カード** ※次頁参照
展開 （考える）	・どういう時に上記の表現を使うかを考えさせる。 ・動画の文をシャドーイングさせた後、現代の手話と狂言独特の手話を対比させる。 ・絵を見て、現代の手話表現をおさえた上で、狂言独特の手話表現を考えさせる。	・上記の表現について考えよう ①動画の文のシャドーイング ②絵を見て手話表現を考える。	板書 （例文を手話ラベルで記述） **例文のヒントとなる絵** ※ P.146参照
展開 （表す）	・２人組での発表できちんと対比させる。 ・現代か狂言独特かの違いを理解できるよう、教員が児童１人１人に確認する。	・２人組で実際に発表する。 ・現代の手話表現担当と狂言独特の手話表現担当に分けて発表する。 ・感想の交換をする。	
まとめ （利用）	「狂言独特の言い回しは、なぜ古い手話を使うのだろうか？」 ・狂言独特の言い回しが古典芸能の魅力になっていることに気づかせる。 ・狂言独特の言い回しが手話の魅力になっていることを板書する。	・教員の発問について２人組で意見交換する。 「狂言は室町時代から続いているから手話表現も古いほうがよいと思う」 ・狂言独特の言い回しが手話の魅力になっていることをノートに書く。	動画「手話狂言　仁王」 PPT「あらすじ」 板書

6 教材

① YouTube 動画「手話狂言　仁王」日本ろう者劇団

② PPT「手話狂言について（あらすじ）」（導入用、抜粋）

手話狂言 （しゅわきょうげん）	**手話狂言（しゅわきょうげん）** ・狂言のセリフは室町時代から江戸時代までの古い言葉。 ・日本ろう者劇団は昔から継承された狂言特有の動き、運びをそのままに、手話表現の研究を重ね、古典芸能にふさわしい手話狂言を作った。	**日本ろう者劇団** 顧問　顧問　劇団代表 米内山さん　井崎さん　江副さん

日本ろう者劇団 ・1980年　東京ろう演劇サークルを設立 ・1982年　イタリア・パレルモ市で開催された世界ろう者会議・演劇祭典に参加。「手話狂言」 ・1987年　昭和62年度文化庁芸術祭賞受賞「手話狂言」		

手話狂言のビデオを観よう **「仁　王」**	○このあたりの者でござる。 山向こうへ用事がある。 ●何 ○いたか。 ●はあー。 ○早くて良い。 君に話がある。 山向こうに行きたい。 君と一緒に行こう。 ●分かった。	**能舞台（のうぶたい）** 

 |  狂言特有の動き　構え（かまえ）／運び（はこび）

③言葉カード

許してくれい	この辺りのものでござる	とても良い	帰ろう	心得た	～でござる	何んと待てとは	やるまいぞ	ほれほれ	～のお守りなされて下され	畏まってござる	方法があるはず

／誰／　／あっという間に／　／良い／　／分かった／　／試す／　／パ（過去形）

例文のヒントとなる絵

④自主動画

手話狂言「仁王」先輩たちの舞台

⑤その他・参考として　舞台発表用の手話狂言の台本（一部）

手話狂言の練習の様子（左：教室、右：舞台でのリハーサル）

7　児童の反応

・手話狂言は高学年の学習の定番となっており、憧れる児童は毎年いる。そのため、「やっと、自分も手話狂言ができる！」と喜ぶ児童もいた。

・手話狂言にふさわしい手話を知ることで、手話に対する理解を深めることができた。

・舞台で手話狂言を発表できた達成感が自分への自信につながった様子が見られた。

手話狂言

　「狂言のセリフは室町時代から江戸時代までの古いことばです。日本ろう者劇団は和泉流狂言師三宅右近師の指導により、昔から継承された狂言特有の動き、運びをそのままに、手話表現の研究を重ね、古典芸能にふさわしい手話狂言を作ることにつとめました。手話のセリフと声のタイミングや間の取り方にも工夫を重ね、古典芸能の強靭さと手話の豊かな表現力をあわせもつ、手話狂言が誕生したのです。」

（「社会福祉法人トット基金」HP より）

「RS と NM」

中学部 1 年

1　単元のねらい

　本単元は、手話科の「文法」に該当する内容であり、RS（Referential Shift ／指示対象シフト）と NM（Non-manuals ／非手指要素）を分析し、まとまった明瞭なスピーチができるようになることをねらいとした。

　RS と NM は語りの中でよく使われるが、気づきにくく見えにくい表現であるため、分析するには見る力を高めなければならない。第 1 段階は RS、第 2 段階は NM を中心に進め、第 3 段階は RS と NM を両方使用して、手話ニュースの話し方を身に付けたり、テーマに合ったスピーチをしたり、様々なろう者の手話語りを見たりして理解と定着を目指す。

【知る】
・RS と NM という文法について知る。
・上記を使用することでまとまった話ができることを理解する。

【利用する】
・RS と NM を使用して、あらゆるのスピーチができる。

・RS と NM を知り、手話言語学に興味を持つ。
・まとまった明瞭なスピーチができるようになり、様々な形のスピーチをしようという意欲を持つ。

【考える】
・RS の例文、NM の例文を考える。
・RS と NM を組み合わせた例文を考える。

【表す】
・RS と NM の分析を行う。
・RS と NM を組み合わせた例文やスピーチを表現する。

2　単元の評価方法

試験による評価

・筆記試験および手話試験を通して、文法知識や RS・NM の表現をチェックする。

3 単元の計画（全11時間）

【第1段階】

RSを学習する時は、まず行動型RSで表現して整理しながら学び、少しずつ指示対象を増やす。そして引用型RSを取り入れて、行動型RSと引用型RSを取り入れた文を表現できるようにする。

【第2段階】

NMは、疑問文、所有格、条件節など様々な品詞にわたる。今回は、目と眉の表現として副詞中心、首ふりと口型は疑問文中心、うなずきは所有格、同格、並立助詞、接続詞を中心に進める。写真やイラストの様子を上記のNMを使って表現したあと、1分程度のスピーチを考える。

【第3段階】

RSの表現の中にNMを取り入れた文が表現できるようにする。何らかのRSをしている中にNMを表現する。このような文を作ってスピーチできることを目標とする。目標を達成するために、教師のスピーチ動画を見て、どの文の中でRSをしている時にNMを表現したかを確認しながら進めて、最終的には自分で例文を考えて表現できるようにしたい。

次	時	本時の目標・評価	教員の教授活動	子どもの活動
第1次	1	・RSという手話の文法を理解し、それぞれの例文の表現ができる。	・RS資料をもとにした例文を見て、2つの違いに気づかせる。	・RSについての理解を深めよう。 ・RSという手話の文法を理解し、それぞれの例文を表現しよう。
	2 指導案	・相手の発表を見てRSを読み取り、2種類のRSを区別できる。	・『みさおとふくまる』の写真を見て、引用型RS、行動型RSをそれぞれ表現できるようにする。	・引用型RSを取り入れた内容を考えて表現しよう。 ・行動型RSを取り入れた内容を考えて表現しよう。
	3 指導案	・引用型RSと行動型RSを取り入れた内容を考えて表現できる。	・『みさおとふくまる』の写真を見て、引用型RSと行動型RSを取り入れた例文を表現できるようにする。	・引用型RSと行動型RSを取り入れた内容を考えて表現しよう。
	4	・目と眉を中心したNMの例文を読み取り、例文を表現できる。	・NMが持つはたらきについて説明する。 【目と眉の表現は副詞】 （感情表現と程度の変化）	・NMについて理解を深めよう。 ・目と眉を中心したNMの例文を読み取り、表現してみよう。

第2次	5	・Yes/No 疑問文、できる / 無理疑問文、ＷＨ疑問文、 それぞれの構文の NM を 読み取り、表現できる。	・【首ふり】【口型】について 説明する。 (Yes/No 疑問文、できる / 無理疑問文、ＷＨ疑問文)	・首ふりと口型を中心にした NM の例文を読み取り、表 現してみよう。
	6	・うなずきを使った NM で、 所有格、同格、並立助詞を 表現できる。	・【うなずき①】について説明 する。 所有格、同格、並立助詞	・うなずきを中心にした NM の例文を読み取り、表現し てみよう。
	7	・うなずきを使った NM で、 接続詞、逆接を表現できる。	・【うなずき②】について説明 する。 接続詞、逆接	・NM カードと写真やイラス トを見て、２つの意味を区 分した NM 表現を読み取り、 表現してみよう。
第3次	8	・RS の表出だけを選択し、 ２種類の RS があることに 気づくことができる。	【RS の復習】 （１）行動型 RS （２）引用型 RS ・動画を見る時と意見交換の 時間配分に気を付ける。	・RS と NM を取り入れた教 員のスピーチ動画を見て、 RS を読み取り、２種類の RS に注意しながら整理し よう。
	9	・NM の意味を使い分け、構 文の使い方を理解できる。	・教員のスピーチ動画を見せ て、NM 表現に着目させる。 ・複数の構文を板書し、生徒 が選択しやすいようにする。 **板書例** ※ P.156参照	・教員の動画を見て、NM を 読み取り、複数の構文を整 理しよう。
	10	・RS と NM を取り入れた内 容を作成し、スピーチ発表 をすることができる。	・RS と NM の学習内容をま とめさせる。 ・スピーチ発表のテーマは身 近なものにして、スピーチ しやすくする。 ・スピーチに対する意見交換 で、言い方に気を付けるよ うに指導する。	・RS と NM を取り入れた例 文を考え、スピーチを作成 しよう。 ・スピーチ発表をしよう。 ・発表者のスピーチに対して、 意見交換をやってみよう。
	11			

4 指導のポイント

ろう児に適した学習のスタイル
単元に入る時に必ず、「単元のねらい」を理解させる。
例文を考える時は、全員同じ写真を使う。
動画を見る時間と意見交換の時間をきちんと分ける。
話者の語りと過去の語り（その時の自分）を区別することは難しいため、まず区別できるように指導する。
写真を見て、行動型 RS と引用型 RS の手話文をそれぞれ考えさせ、２種類の違いをきちんと理解させる。

授業前の子どもの実態把握

（Aよくできる／ある　B大体できる／ある　Cできる／ある　Dできない／ない）

	内容	チェック（AからD）
1	日本手話は言語であることを理解しているか。	
2	スピーチを「はじめ」「なか」「おわり」に組み立てることができるか。	
3	明瞭なスピーチを心がけることができるか。	
4	RS および NM の表現が意味することを読み取ることができるか。	

5.1 本時の指導案（第１次・２時間／全11時間）

【本時のねらい】

・RS の行動型 RS と引用型 RS の区別ができ、表現できる。

【本時の展開】

段階	教員の働きかけ	子どもの活動や予想される反応	教材教具
導入 （知る）	・本時のねらいを説明し、理解させる。 「RS の行動型 RS と引用型 RS の２つを取り入れたスピーチを学びます」 ・次に復習する。 ・行動型 RS と引用型 RS の意味と例文を復習する。	 ・行動型 RS と引用型 RS の意味を理解している。 ・行動型 RS と引用型 RS の例文を発表する。 **「生徒による例文表示」** ※ P.156参照	**RS のポスター** ※ P.155参照 ①行動型 ②引用型
展開① （考える）	・教員のスピーチ（教員モデル）を提示する。 【手話ラベル】 今日　朝　おばあさん　家　縁側　わら　わらをよる様子　「大変だなあ」　となり　ねこ　「そうね。」　わらをよる様子　作る　PT3 （行動型 RS　引用型 RS）	・教員のスピーチ（教員モデル）を見て分析する。 ＜分析の例＞ ・わらをよる様子　は 　行動型 RS ・「大変だなあ」　は 　引用型 RS	**動画「教員のスピーチ①」** ※ P.154参照 **『みさおとふくまる』の写真（イラスト）** ※ P.155参照
	２種類の RS を組み合わせたスピーチが、可能であることに気づかせる。		

展開① (表す)	・行動型 RS と引用型 RS を正しく表現できるよう、指導する。 【指導上の注意】 ・2種類の RS の使い分けが適切かどうか確認する。	・2つの RS を合わせた例文を発表する。 （表現例） **わらをよる様子　「面白いな」** **わらをよる様子　「私って上手い」** （行動型 RS　引用型 RS）	『みさおとふくまる』の写真（イラスト） 手話ラベルが書かれた表
展開② (深める)	・別のスピーチ動画を提示し、既習した分析方法でもう一度分析させてみる。（定着しているかどうか確認する。） 「どんな内容なのか？」 「RS は何回あったか？」 「RS の対象は何人？」 【RS の対象となるもの】 ①幼稚部の男の子 ②その時の自分 ③メダカ ④グッピー 【指導上の注意】 ・RS 対象の間違いがないか、話者と過去の話者（その時の自分）は気づきにくい面であるため配慮する。	・スピーチ動画を分析して、発問に答える。 ＜スピーチの内容＞ 「幼稚部の話」 「水槽、メダカとグッピーの違い」 「先生が男の子にメダカとグッピーの違いを教えている」 ＜ RS の対象となるもの＞ 「男の子」 「メダカ」 「グッピー」 「その時の自分」	**動画「教員のスピーチ②」** ※ P.154参照

5.2　本時の指導案（第1次・3時間／全11時間）

【本時のねらい】

・行動型 RS と引用型 RS を取り入れた例文を考え、発表できる。

【本時の展開】

段階	教員の働きかけ	子どもの活動や予想される反応	教材教具
導入 (深める)	・前時に続き、さらに分析を深める。 「4つの対象物が示す内容を理解しよう」 ・生徒が手をあげたら、動画を止める。 ＜4つの対象物＞ 「男の子」 「メダカ」 「グッピー」	①スピーチの動画を見せて、RS 表出の部分が出たら手をあげる。 ②動画を止めた部分の RS は「行動型 RS」なのか「引用型 RS」なのかを答える。 ＜解答例＞ 「そうか　なるほど　へえ」うんうん （行動型 RS　引用型 RS）	動画「教員のスピーチ②」 **RS 手話ラベルの記述カード** ※ P.156参照

	「その時の自分?」 【指導上の注意】 ・行動型 RS と引用型 RS を正しく理解できているか。 ・話者と過去の話者を正しく確認できているか。	「今のは男の子がしゃべっている」 「メダカが隠れようしている」 「男の子が納得している」	
展開① (表す)	・シャドーイングをさせる。 【指導上の注意】 ・正しくシャドーイングできているか。	・手話ラベルを読んで、シャドーイングする。 （2人1組ずつになってシャドーイングの表現を見せ合う）	動画「教員のスピーチ」 配役カード RS 手話ラベルの記述カード
展開② (表す②)	・発表させる 「写真を見て、行動型 RS と引用型 RS の2つを取り入れた例文を考えてください」 【指導上の注意】 ・2つの RS を使っているか。	・写真を見て2つの RS の例文を考えて発表する。 (表現例) 今日　朝　仕事　前　田んぼの前で休む「はぁ　今日も頑張るか」おばあさん　言った　ネコ　同じ　休む様子「うん頑張ろう」　2人　仕事　始めた (行動型 RS　引用型 RS)	『みさおとふくまる』の写真(イラスト) **例文を考える写真(イラスト)** ※ P.155参照
まとめ (利用)	・RS の役割を理解させる。	・既習したことを振り返る。	

【RS の役割】
RS を使用することで、何のことを示しているか、または誰の行動または考えを表しているか等が、はっきり分かり、まとまった話ができる。

【宿題】
「行動型 RS と引用型 RS の2つを取り入れた例文を考えてくること」

6 教材

①テキスト

岡典栄・赤堀仁美『文法が基礎からわかる　日本手話のしくみ』大修館書店、2011年

・RS について（p.97-98）
・NM について（p.25、62-70、77-78、89-92、101）

②自作動画

教員のスピーチ①

教員のスピーチ②

教員のスピーチ②の手話ラベル

2 つの RS を取り入れたスピーチの内容

手話ラベル

PT1　魚　飼う　中
CL（2つの水槽）PT3　グッピー　PT3　メダカ
飼う　時　幼稚部　男　来る　PT3　RS（覗く　見る　あれ？（表情）「PT3　魚　いない
PT3」）RS（言われる「ちがう　いる　いる」）　　RS（「そう？どこ？」）
NM（ああ）理由　メダカ　場合　警戒　人　RS（人　来た　あっ　警戒　もぐる　隠れる）
ある　意味
RS（「ちがう　警戒　人　来る　警戒　意味」）PT3　RS（「そう　分かる」）
でも　見る　分かる　PT3　グッピー　RS（エサ　食べる「エサ　頂戴」）感じ　PT3
意味　PT3　RS（「そうか　なるほど　へえ」うん　うん）PT3　分かる　ある　PT 3

〈参考和訳〉

私は魚を飼っています。水槽が 2 つあって、グッピーとメダカがいます。
幼稚部の男の子が来て、水槽の中をのぞいていました。
「いないよ」と言っていましたが、「隠れているのよ」と返事をしました。
そうなんです。メダカは警戒心が強く、人が来ると隠れてしまうのです。
でも、隣の水槽のグッピーは、「エサをちょうだい」と言っているかのように
元気よく泳いでいます。

③PPT「みさおとふくまる」「RSについて」

　写真（イラスト）を使って、RSの対象を決めてRSの練習をする。

「みさおとふくまる」

（伊原美代子『みさおとふくまる』リトル・モア、2011年）

RSのポスター

④例文を考える写真（イラスト）

⑤ RS 手話ラベルの記述カード

①幼稚部の男の子
覗く　見る　あれ？（表情）　「pt3　魚　いない　pt3」
②その時の自分
言われる　「ちがう　いる　いる」
③幼稚部の男の子
「そう？どこ？」
④メダカ
人　来た　あっ　警戒　もぐる　隠れる
⑤グッピー
エサ　食べる　「エサ　頂戴」

⑥生徒による例文表示の様子

行動型 RS の表現

引用型 RS の表現

⑦板書例

スピーチ動画を見てRSを読み取ろう

◎RSの対象
・幼稚部の男の子・その時の自分・メダカ・グッピー

◎行動型RSと引用型RS

幼稚部の男の子
覗く　見る　あれ？（表情）　「PT3　魚　いない　PT3」

その時の自分
言われる「ちがう　いるいる」

幼稚部の男の子
「そう？　どこ？」

メダカ
人　来た　あっ　警戒　もぐる　隠れる

グッピー
エサ　食べる「エサ　ちょうだい」

幼稚部の男の子
「そうか　なるほど　へぇ」うんうん

7 生徒の反応

・教材動画で RS と NM を分析することで、RS に対する理解が深まり、自作の例文を表示できた。
・RS と NM を意識したことで、スピーチの仕方に変化が見られた。
・ふだん自分が使っている手話を内省する様子が見られた。

RS と NM

　RS は、日本手話において、日常的に用いられる表現の 1 つであり、RS の表現なしで、高度な内容を発話することは不可能である。RS の利用によって、誰のことなのか、どこなのか、いつなのかなどを短く明瞭な文で表現することができる。また、自分の語りを表現する時も、何人もの話し手の役割を担えるため、まとまった明瞭なスピーチができ、議論や講演などで質の高い話題を提供することができる。

　また、手話語りなどの手話文学を見て、登場人物はどういう人か、セリフや行動はどの登場人物なのかを話し合うこともできる。

　大半のろう者は日常会話の中で、RS を無意識に使っているため、RS のみを取り上げた学習の機会はほとんどない。RS という文法知識を得ることができれば、どこに RS が表現されているのか判別し、より深い内容をやり取りすることができるようになる。

　NM も RS と同様に、日本手話においてなくてはならない重要な文法的要素である。どの文でも、NM は含まれている。例をあげると、YES/NO 疑問文、WH 疑問文、所有格、仮定文、接続詞などは、NM で表現することができる。NM についてきめ細かく分類・整理しながら学ぶことで手話の力が向上し、他の教科でもよりよく深く学ぶことができるようになる。

　RS と NM それぞれの働きを正しく理解し、それらを組み合わせた手話表現をすることによって、合理的かつ高度な内容を伝達できるようになる。どのように組み合わせたらよいかを考えるための作業、すなわち「話の構成力」は、手話の学習言語能力に左右される。

話す・聞く／手話文学
「句会をひらこう」

中学部 3 年

1　単元のねらい

　本単元では日本文学の１つである「俳句」を取り上げる。単に俳句を詠んだり書いたりすることだけにとどまらず、多角的な視点で作品を鑑賞し、自分が選んだ句のよいところ、自分が作った句の意図などを述べたり、作品全体をめぐって話し合ったりするなどの言語活動を積極的に行う。

　さらに、俳句を手話に翻訳することへの取り組みも行う。俳句のリズムや風情などを失わずに手話に翻訳するためには、３つの場面の切り替えに加えて、クローズアップと鳥観図を活用した表現技術が必要である。俳句を楽しみ、かつ俳句を手話に翻訳するために必要な多様な手話表現を身に付け、披露できるようにする。

　ここでは、俳句を手話ポエムに翻訳したものを俳句ポエムと呼んでいる。

【知る】
・句会を知る。
・俳句の楽しみを知る。

【利用する】
・俳句を楽しむ。
・俳句を手話翻訳したり、俳句ポエムを演出して楽しんだりする。

・俳句を創作できる。
・俳句の手話翻訳を通して日本文学から手話文学への行き来ができる。
・クローズアップ、鳥観図などの高度な手話表現ができる。

【考える】
・俳句の背景や意味を考える。
・俳句をどう手話で表すか考える。

【表す】
・句会に参加し、自分の俳句を出句する。
・俳句を手話翻訳した俳句ポエムを発表する。

2　単元の評価方法

パフォーマンス評価
・RS および CL を適切に使用し、俳句ポエムを発表することができる。

成果物評価

・俳句ポエムの内容に合う背景を考え、色紙に描写することができる。

 単元の計画（全6時間）

次	時	本時の目標・評価	教員の教授活動	子どもの活動
I	1	・句会、俳句について興味を持ち、詠んでイメージを考えることができる。 ・俳句の作品を見て、意見を述べたり、手話でどう翻訳するかを考えたりして、俳句を楽しむことができる。	【句会の導入】 ・句会は江戸時代後半から始まった俳句の会である。 ・互いに評価し合って楽しむ。 【俳句】について説明する。 ・語順、感情を入れない、季語を1つ入れるなどの俳句の決まり、楽しみ方を知る。	・句会というイベントや句会の進め方を知ろう。 ・俳句の様々な作品を見て、どんな感じがするか話し合ってみよう。 ・俳句作品を手話ではどう表すかを考えてみよう。
	2	・季語の意味など俳句の決まりを理解できる。 ・俳句の決まりに従い、俳句を作成することができる。	【俳句の基本的な決まり】について説明する。 **PPT「俳句について」** ※ P.162参照 例：うれしい、楽しい、哀しい、寒い、暑い、春、夏など ・季語の使い方 「若葉風」「姫路音」 ・ワークシートで俳句を作る。	・俳句の基本的な決まりを理解しよう。 ・実際に俳句を作ってみよう。
2	3	・選句する理由や俳句の解説を説明できる。 ・好きな俳句を選び、選んだ理由について説明できる。	・句会を開くための準備を説明する。 ・句会の進め方を確認する（復習）。 ・句会のプログラムを板書する。	・句会を楽しもう。 1　俳句の作成 2　作成した俳句を並べる 3　選句する 4　名乗り、作品の解説をする 5　手話で表現してみたい、一番好きな句を選ぶ
	4	・選んだ俳句のイメージを膨らませ、色紙に描写できる。	・色紙を使って、俳句らしくする。 ・イメージがわかない生徒には、俳句を手話で表現してから、イメージを膨らませるよう、助言する。	・選んだ俳句のイメージや背景などを膨らませ、そのイメージを色紙に描写してみよう。

3	5 指導案	・クローズアップと鳥瞰図の表現（RS と CL の組み合わせ）など、手話ポエムの多様な方法を使って俳句を表現できる。	【表現】 ・俳句ポエムを表現する時の注意について説明する。 1　季語の表現 2　3 つのシーンを設定して切り替えながら表現する。 《クローズアップと鳥瞰図》 例：自分から見た風景、空から見た風景、第三者から見た風景　など	・俳句ポエムで注意することを理解しよう。 ・俳句ポエムを発表し、撮影しよう。 ・撮影した俳句ポエムをみんなで鑑賞し、感想交換をしよう。
	6	・俳句ポエムの感想を論理的に説明できる。	・感想または意見を述べる時は下記のポイントをふまえるよう説明する。 ・友達の俳句ポエムと自分の俳句ポエムを比較する。 　共通点は何か？ 　相違点は何か？ 　どんな表現がどのように良かったか？ **生徒が作成した俳句の色紙** ※ P.163参照	・撮影した俳句ポエムと作成した色紙を合成して、「俳句ポエム」完成版を鑑賞しよう。 ・鑑賞後、感想交換または友達の俳句ポエムを表現して、表現の多様性を楽しもう。

4　指導のポイント

ろう児に適した学習のスタイル
俳句らしい日本語表現と俳句ポエムらしい手話表現を比較しながら考えさせる。
俳句は日本文化であり、異文化学習にもなることを説明しておく。
俳句ポエムは翻訳技術が求められるため、生徒の実態に合わせて翻訳のハードルを調整する。
俳句ポエムでは 3 つのシーンで設定するなど、数字に関する設定は明確にしておく。
手話ポエムと俳句ポエムの微妙な違いやニュアンスを、教員自身が理解した上で指導する。

授業前の子どもの実態把握

（Aよくできる／ある　B大体できる／ある　Cできる／ある　Dできない／ない）

	内容	チェック（AからD）
1	俳句を詠むための日本語力があるか。	
2	CL・RS・NM などを使った手話ポエムができるか。	
3	CL や RS など、手話の基礎的な言語学の知識があるか。	
4	日本語と手話の間を翻訳する力があるか。	

5　本時の指導案（第3次・5時間／全6時間）

【本時のねらい】

・俳句を手話に訳した多様な季語の表現ができる。

・RSとCLを組み合わせ、クローズアップと鳥観図を使った俳句ポエムを製作し、表現できる。

【本時の展開】

段階	教員の働きかけ	子どもの活動や予想される反応	教材教具
導入 （知る）	・選んだ俳句を手話に訳した俳句ポエムを作る。 ・「俳句」に相応しい手話での表現方法は何か。 ・ポエムを表現するために大切なことを思い出させる。 ・魅力のあるポエマーがいつも気を付けていることは何か。	・このまま訳しただけでは、俳句のように詠んだ気分にならない。 ・NM表現を使いながらポエムのように表現する。 ・目細め、目開きなどのNM表現や視線の動きに気を付ける。 ・手の表現を滑らかにするなどCL表現を工夫する。 ・場面の切り替えに活用するRSを使う。	選んだ俳句の色紙 **動画「例のポエム」** ※P.163参照
展開 （考える） （表す）	・今回の俳句ポエムは、季語の表現に注意して、クローズアップと鳥観図の表現方法を使う。 ①季語の表現 「若葉風」の言葉を聞いた時のイメージをポエム的に表現する。（風の様子、木の様子、空の様子、風を受けた時の髪の様子など） ②クローズアップと鳥瞰図 ・3つのシーンを設定して相互に切り替えながら表現する。 ＜例＞ 自分から見た風景、空から見た風景、第三者から見た風景　など	・下記の留意点を意識しながら俳句ポエムを表現する。 ・手を滑らかに、CL表現を工夫して表現する。 ・「若葉風」のイメージをきちんと頭に入れて例えば木や空になった気持ちでNM表現に気を付けて表す。 ・シーンをあらかじめ3つに決めて、それぞれのシーンを切り替えながら表現する。 1　ポエムを披露する。（同時にビデオ撮影） 2　撮影したポエムを鑑賞する。 3　感想をコメントする。	選んだ俳句の色紙 ビデオカメラ
まとめ （利用）	・ポエムを披露する。（同時にビデオ撮影） ・ポエムを鑑賞する。 ・感想をコメントする。	・感想を述べる。 ・3つのシーンについてコメントをする。	

6 教材

①国語教科書「句会をひらこう」(『現代の国語 3 』三省堂)

② PPT「俳句について」

③生徒が作成した俳句の色紙

④動画「例のポエム」 ▶

⑤生徒が手話に翻訳している様子

「生徒の手話翻訳」

1つ目のシーン
足の様子

2つ目のシーン
観客席から見た様子

3つ目のシーン
選手から見た様子
（ゴールテープが近付く）

7 生徒の反応

・俳句は日本語のリズムや言葉の使い方を楽しむ聴者の日本文化だが、翻訳を通して俳句を楽しむ様子が見られた。
・既習の手話文法（RSなど）を俳句の発表の際、どのように使えるかを考えて発表できた。
・俳句を「そのまま読む」「翻訳して読む」の違いについて学習すればよかった。

⟨コラム⟩
RSとCLの組み合わせ：複数の視点を同時に表現する

『日本手話で学ぶ手話言語学の基礎』（松岡和美著、くろしお出版、2015年）にあるように、日本手話では、RS表現の中にCLが多く使われている。これらを組み合わせることによって、複数の人物の様子を同時に表現することができる。また、RSとCLを組み合わせることで、映画やテレビドラマのように登場人物のクローズアップと鳥観図という場面転換を行いながら情景と同時に人物の気持ちも描写することができる。

　このように、RSとCLの組み合わせは、音声言語にはできない視覚言語の特徴である。日常会話をはじめ、演劇やポエムなどの文学的な表現でも、RSとCLの組み合わせはよく見られており、成人のろう者やネイティブサイナー（手話を母語とする人）でも難しいほどの、高度な言語技術の1つと言える。

「ある鷲の子の物語」

中学部 3 年

1 　単元のねらい

　本単元では、アメリカの手話文学「ある鷲の子の物語」の紹介を通して、物語の意図やろう教育のなどの社会的背景を理解し、さらに日本とアメリカの手話や文化、生活の違いに関心を持たせることをねらいとしている。

　使用言語はアメリカ手話（ASL）、日本手話（JSL）、日本語の 3 言語を用いる。

※「ある鷲の子の物語」はベン・バーハン氏の ASL による手話語りである。鳥社会では地位が高い鷲の家族に、地位の低い文鳥が生まれ、波乱万丈な家庭生活を過ごすという内容であり、深刻ながらもユーモアあふれた手話文学である。

【知る】
・「ある鷲の子の物語」のあらすじを知る。
・背景にあるろう教育を知る。

【利用する】
・外国人とのコミュニケーションに役立つ。
・ろう社会の多様性を理解する。

・ASL による手話文学を楽しむことができる。
・鳥社会をろう教育と結び付けて考えることができる。
・ASL から日本手話への翻訳能力を身に付ける。
・デフフッド※の思考能力を身に付ける。

【考える】
・本作品の結末から、ろう教育の現状について自分なりに考える。

【表す】
・ろう教育の現状について、自分なりの考えを述べる。
・本作品を日本手話に翻訳する。

※デフフッドとはイギリスのブリストル大学の教員であったパディ・ラッドが作成した用語で「ろう者になるための自己探求過程」をさす。

2 　単元の評価方法

パフォーマンス評価

・日本手話に翻訳して分かりやすく伝え、意見を述べることができる。

試験による評価

3 │ 単元の計画（全10時間）

次	時	目標と評価	教員の教授活動	子どもの活動
第1次	1 （指導案）	・ろう教育の現状を理解し、現時点での自分の考えをまとめることができる。	・ろう教育の歴史を復習させる。 ・卒業後の生活を想像させる。	・単元のねらいを理解しよう。 ・ろう教育に対して自分の考えを持とう。 ・「ある鷲の子の物語」のあらすじを知ろう。
	2	・「ある鷲の子の物語」を視聴し、鳥社会の地位について考えることができる。	・食文化、生活習慣・規範を比較させる。	・鳥社会の地位について知ろう。 ・「ある鷲の子の物語」を視聴しよう。
第2次	3	・場面①「告知」の内容を理解できる。	・場面①と「聴覚障害」の告知から受容までの流れを結び付けさせる。 **PPT「聴覚活用について」** ※ P.171参照	・場面①「告知」の内容を理解し、考えてみよう。
	4	・場面②「学校」の内容を理解できる。	・場面②とろう教育の現状を結び付けさせる。	・場面②「学校」の内容を理解し、考えてみよう。
	5	・場面③「自分の居場所」の内容を理解できる。	・場面③と卒業後のろう者の暮らしを結び付けさせる。	・場面③「自分の居場所」の内容を理解し、考えてみよう。
	6	・場面④「手術とアイデンティティ」とろう社会を結び付けることができる。	・場面④を読んで、ろう社会がいかに複雑で多様であるかを理解させる。	・場面④「手術とアイデンティティ」の内容を理解し、考えてみよう。
第3次	7 （指導案）	・場面に分けて、日本手話で語ることができる。 ・適切な手話表現ができる。	・手話表現（RS や CL など）を取り入れて表現するように指導する。 ・場面の区切りは生徒と相談して進める。	・日本手話版の「ある鷲の子の物語」を制作しよう。（1）
	8 （指導案）			・日本手話版の「ある鷲の子の物語」を制作しよう。（2）
第4次	9	・「はじめ・なか・おわり」の構成を考えてスピーチすることができる。	・感想発表と物語解説の違いを意識させる。 ・スピーチ構成を考えさせる。	・あらすじをまとめ、感想を発表しよう。 ・物語の解説を発表しよう。
	10	・単元を振り返り、自分の考えを深めることができる。	・学習前と学習後でどんなふうに考えが変わったかを具体的に述べさせる。	・学習を振り返り、どのように考えが変わったか発表してみよう。

「ある鷲の子の物語」の作品構成

場面	段落	「ろう」に置き換えると…
①告知	1．子どもの誕生 2．医者からのことば 3．教会（牧師に願う） 4．インディアン（薬）	子どもに聴覚障害の可能性があると診断されショックを受ける家族 障害を治したいという家族の願望と行動 なかなか治らない障害 聴力（デシベル）の表、聴力検査の写真など
②学校	5．手術の断念 6．くちばし障害者学校 7．職業訓練 8．初狩り	人工内耳 医者からろう学校への紹介状 グラハム・ベル、ろう教育との関係 聴能訓練、発音訓練 専攻科と職業訓練校
1　自分の居場所	9．親鷲のショック 　　兄たちへの願い 10．引越し 11．禁断の谷 12．本当の自分	卒業後の生活 会社でのコミュニケーション ろうコミュニティ 卒業後と家族の様子
2　手術とアイデンティティ	13．怒る親、閉じ込められた自分 14．人工くちばし手術成功 15．禁断の谷 16．私は一体何だろう	人工内耳の問題とアイデンティティについて考える。 日本語を主とするろう者など、コミュニケーションツールの違いを受けとめ、誰とでも公平に交流できるようにする。 ろう教育に対する様々な考え方があることを理解する。 日本手話を第一言語として教育を受けた自分の考えをしっかり持ち、相手を尊重した上で説明できるようにする。

4　指導のポイント

ろう児に適した学習のスタイル
単元は入る時に必ず、「単元のねらい」を理解させる。
本作品は40分間の「長編手話語り」なので、4つの場面に分けて、場面ごとに学習していく。
場面ごとの内容を理解させると同時に、「ろう」の何に例えられるか、意見や考えを交わしながら、さらに理解を深めていく。
生徒の実態に合わせて内容理解を助けるために、視覚教材の提示、実体験などの学習活動も盛り込んでいく。
手話の言語構造を理解し、言語技術を高めるために、日本手話に翻訳して日本手話版の「ある鷲の子の物語」を完成させる。
解説を発表・収録するなど、言語化することによって、理解を深める。

授業前の子どもの実態把握

（Aよくできる／ある　B大体できる／ある　Cできる／ある　Dできない／ない）

内容	チェック（AからD）
1　外国の手話文学を見たことがあるか。	
2　外国の手話文学を最後まで視聴できるか。	
3　手話文学と社会問題を結び付けて考えたことがあるか。	
4　手話文学と自分の体験を結び付けて考えたことがあるか。	

本時の指導案（第１次・１時間／全10時間）

【本時のねらい】

・ろう教育の現状を理解し、現時点での自分の考えをまとめることができる。

【本時の展開】

段階	教員の働きかけ	予想される子どもの反応や活動	教材教具
導入 （知る）	・単元のねらいを理解する。 ・手話科で学んだことは何か。 ・卒業後はどうしていると思うか。 ・手話科で学んだことと、卒業後の生き方は関係しているだろうか。	・教材と照らし合わせながら話し合う。 ・学んだのはＮＭ表現、CL、RS ・大学に行っていると思う。 ・ろうのアイデンティティを持って、聴者と対等に付き合う。	**社会で活躍しているろう者の写真** ※ P.172参照
展開 （考える）	・ろう教育について考えさせる。 ・次のことについて簡単に説明する。 手話法／口話法／ バイリンガルろう教育／ 人工内耳／筆談	・次のことについて自分の感想をまとめる。 ・明晴学園と他のろう学校の違い ・ミラノ会議で口話法が決議されたことについて	
展開 （表す）	・「ある鷲の子の物語」のあらすじを読んで意見交換を行う。 ・印象に残ったシーンとその理由は？ ・鳥社会の内容を確認しよう。	・親が泣き崩れるシーンは、自分の親もあったと聞いた。 ・くちばしの手術をしても、完全には直らないと思う。	**PPT「ある鷲の子の物語」のあらすじ** ※ P.170参照
	「ある鷲の子の物語」は、ろう社会の現状を表していることに気づかせる。		
まとめ （利用）	・卒業後の生き方について考える。 ・卒業後に経験するであろう「ろう社会」とは何だろうか？ ・「ある鷲の子の物語」で最も考えたいことは何か？	・ノートに考えたことや意見を書く。 ・聴者とのやり取りで苦労すると思う。 ・ろう者のスポーツを楽しむと思う。 ・手術が正しかったかどうかを考えたい。	

5.2　本時の指導案（第 3 次・7・8 時間／全10時間）

【本時のねらい】
・場面に分けて、日本手話で語ることができる。
・適切な手話表現ができる。

【本時の展開】

段階	教員の働きかけ	子どもの活動や予想される反応	教材教具
導入 （知る）	・手話の翻訳の仕方を確認させる。 ・子どもの意見を板書する。 ・場面はいくつに分けられるか？ ・日本手話に翻訳する時は、どこをどのように翻訳するか？	・動画を見ながら話し合う。 ・長い物語文のため、16の場面に分けるのがいい。 ・語彙は基本的に日本手話の語彙に変えられる。 ・RS はそのままでいいと思う。	動画「ある鷲の子の物語」 PPT「ある鷲の子の物語のあらすじ」
展開 （考える）	・適切な翻訳の仕方を考えさせる。 ・2 つの言語の共通点と相違点を表にまとめよう。 CL／RS／NM 表現／語彙 ・生徒の案を板書し、表にまとめる。	 ・ASL の CL と日本手話の CL で同じものもあれば、異なるものもある。 ・話の流れは ASL の物語の順でよいか？	
	ASL と日本手話の共通点・相違点を洗い出し、適切な翻訳の表現を考える。		
展開 （表す）	・生徒が協力し合いながら進めるように指示する。 ・生徒同士がお互いに翻訳内容を確認し合って進めることができるよう声かけをする。（例：「今の発表は翻訳できているかな？」など）	・撮影する生徒と発表する生徒に分かれて、協力し合って撮影をする。 ・生徒同士で翻訳内容を確認し合いながら撮影を進める。	翻訳用のカンペ ビデオカメラ 三脚
	適切な速さ、適切な文法、適切な話の流れを意識して発表する。		
まとめ （利用）	・翻訳体験を振り返る。 ・翻訳体験で学んだことをノートにまとめた後、発表しよう。	・ASL の表現に影響されてしまった。 ・日本手話の表現を見つめ直すことができた。	ビデオカメラ 三脚 ノート

6　教材

① DVD『ある鷲の子の物語』ベン・バーハン、Dawn Sign Press
　　参考文献：ベン・バーハン［訳＝市田泰弘］「ある鷲の子の物語」『現代思想　総特集

ろう文化』青土社、1996年、p.329-335

【あらすじ】

　ある鷲の夫婦から、まっすぐなくちばしの子が生まれる。両親は大急ぎで医者を呼び、子のくちばしを治すために様々な所に連れて行くがくちばしは治らない。子は鷲の学校に入学する。初めての授業は、くちばしを下の方へなでる練習だった。数年後、訓練によって少し狩りが上達した子は、ようやく家に帰ることができたが、狩りに失敗する様子を見た父は、兄たちに「私が死んだら、この子の面倒を見てほしい」と頼む。数日後、子は禁断の谷に入って行った。そこで、小さな鳥たちと出会い、「自分の居場所」を見つける。しばらくして、子はくちばしの手術を行い見た目は鷲らしいくちばしになった。その後、友達に会いに禁断の谷に行くが、上手く歌うことも木の実を食べることもできなくなっていた。子は「鷲の世界にも、小鳥の世界にも入れない」ことに気づく。そして、夕日に向かって飛び立って行く。

② PPT「ある鷲の子の物語」のあらすじ

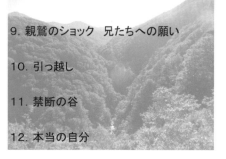

③ PPT「聴覚活用について」

人工内耳

費用約400万円

耳鼻咽喉科

聴力検査
イラストや図で説明

聴力検査
聴力レベル
20dB〜130dB
聞こえの度合い
身体障害の等級
オージオグラム　など

グラハム・ベル
電話を発明した人
母と妻は聾者
ろう学校の先生を断った。

https://ameblo.jp/peachlove214/
https://ameblo.jp/peachlove214/entry-12144744510.html

聴能訓練
発音訓練

職業訓練
小平訓練校
相模原訓練校
国リハ

生徒が手話翻訳している様子

父鳥と母鳥がケンカする様子
（RSとCL）

置いていかれる小鳥の様子
（CLとNM表現）

④社会で活躍しているろう者

一級建築士
ろう者初の大学教授
井上 亮一

デフアートも手がけた
画家
乗富 秀人

弁護士
田門 浩

演出家
米内山 明宏

プロ陸上選手
高田 裕二

看護師
皆川 愛

7 生徒の反応

・教材の動画は「鷲の生活」をテーマにしたが、生徒は自分で「ろう」に置き換えることで、「マイノリティとしてのろう」は世界共通であることを知った。
・本単元を通して、「ろう」について積極的に考え、話し合う様子が見られた。
・ASL から日本手話への翻訳を実際行うことで、2 つの手話言語を比較し、分析する生徒も見られた。

ろう教育やろう社会と結び付けよう

　「ある鷲の子の物語」は、ろう教育やろう社会の問題を取り上げた ASL 文学（アメリカ手話の文学）である。取り上げ方に注意する必要はあるが、日本手話話者のろう者の他、人工内耳を装用している人、声を出しながら手話を使う人など、ろう者の生き方や考え方が多様化している社会で生きていくために、ろう者にはそれぞれの環境があり、自分の意志ではなくそうなっていることも受け止めて、相手の状況を理解しながら尊重できる態度を養う。この作品は、20年前のろう社会の状況の中で創られたもので、現在は、同じ状況ではないこともしっかりと伝え、現在のろう教育やろう社会の状況について知識を広げ考えを深めよう。

第9章 手話科 学習活動事例集

・・・・・・・・・・・・・・・・

　明晴学園で人気のある活動事例を紹介する。手話科の授業内で行うことも
あれば、他教科の授業や休憩時間（幼稚部は自由時間）に行うこともある。
短時間の活動なので、気分転換にも使える。また、一般の小学校での手話の
紹介や、手話サークル等で楽しく使うこともできる。ぜひお試しいただきたい。

活動事例集の使い方

①朝の HR や自立活動、特別活動などで活用できる。また、手話サークルや
　一般学校の手話学習でも、ミニゲームとして活用できる。

②人数・形態、所要時間、準備物、手順などを記載している。

③すべての事例において、日本手話のしくみを知ることを「ねらい」として
　いる。

④活動の意義を知るために、「活動のポイント」を記載している。

⑤明晴学園の教育課程「手話科」で扱う指導内容に配慮している。

⑥子どもの言語・認知・社会性の発達に合わせて、活動事例を学年ごとに分
　けているが、基本的に全学年で対応できる。工夫して様々な活動を展開す
　るといい（聴者の手話学習においては難しい事例もあるかもしれないが、
　聴者だから無理というわけではない）。

⑦日本手話はろう文化と密接につながっている。本活動がろう文化と聴文化
　のズレや日本語と聴文化にどうかかわっているかを「コラム（解説）」で
　解説した。

⑧「手型」とは手の形のこと。指文字表から該当する手の形で「手型」カー
　ドを作ろう。

手話科の学習活動を通して
「日本手話のしくみ」を知ることで、
手話の世界はさらにひろがっていく。

【参考文献・参考映像】

岡典栄・赤堀仁美『日本手話のしくみ』大修館書店、2016年

岡典栄・赤堀仁美『日本手話のしくみ練習帳』大修館書店、2011年

NHK テキスト『みんなの手話』2018年度版

小学部 1・2 年 「お話を創ろう＆最後まで手話をみよう～NM ってだいじ！～」

①手型の手話ポエムをつくろう

②手型 DE ビンゴ！

③動物 CL クイズ

④大小 CL あてっこゲーム

⑤手話 DE フルーツバスケット

小学部 3・4 年 「手話の世界って、ひろいんだね」

①手話辞典をつくろう

②「マウスジェスチャー」のマッチングゲーム

③指文字ストーリー

④5W1H をあてよう！

⑤手話方言クイズ

小学部 5・6 年 「手話でいろいろ創ってみよう・考えてみよう」

①リレー創作（手話語り・CL 物語）

②このオノマトペ、な～んだ？（CL で表してみよう！）

③あなたは賛成！？それとも反対！？（子ども討論会）

④手話ニュースをつくろう

⑤昔の手話クイズ

中学部 「手話言語学とろう者学～2 つの世界をみつめて～」

①ミニマルペアさがし

②カルタとりは 3 枚！？（手型・位置・動き）

③RS & CL でショートポエム

④ろう偉人と、サインネームと、功績

⑤ロールプレイ「ろう通訳」

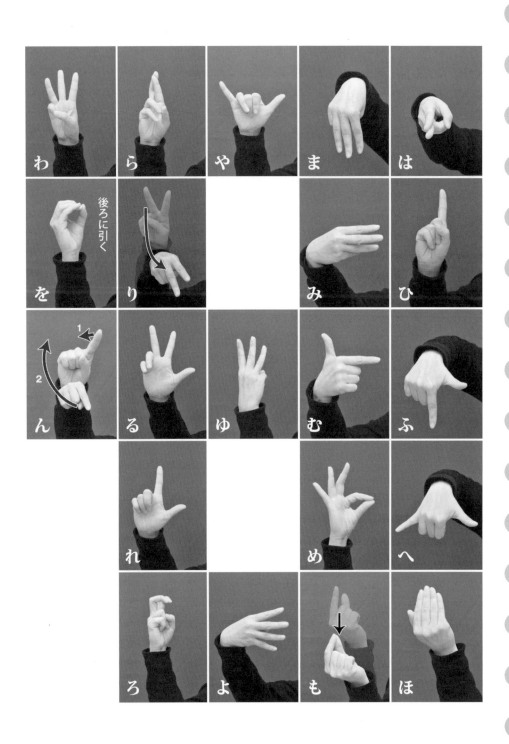

わ　ら　や　ま　は

を　り　　　み　ひ
後ろに引く

ん　る　ゆ　む　ふ

れ　　　め　へ

ろ　よ　も　ほ

指文字 五十音

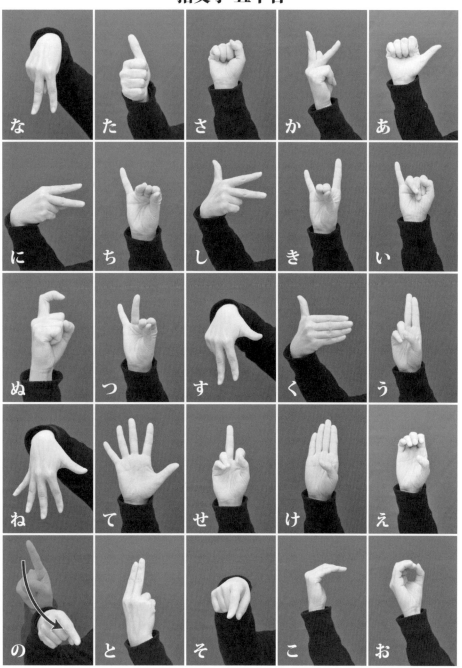

手型の手話ポエムをつくろう

手の形（手型）を決めて、その手型を使ったポエムを作る遊び。手型から手話単語を思い浮かべたり、調べながら作ったり、他の人が作った手話ポエムを見ることで新しい単語を覚えることもできる。

ここでは、CL（物の形や動き、様子を表す）を意識しよう。日本語の韻律には短歌に見られる五七調などがあるが、手話ポエムには手話の韻律（リズム）がある。

＊手型は指文字用を参照

対　象	小学部1・2年
ねらい	・ストーリーを作る楽しさを味わうとともに構成力を育てる。 ・手話の音韻意識（手型）の力を育てる。
人数・形態	個人活動・グループ活動
所要時間	（最小）5分　（最長）45分
主な例文	手型「テ」（泳ぐ、イルカ、魚、波　など）
準備物	・手型カード ・ポエムの構成メモ ・筆記用具
手　順	①テーマを決める。（例：プール、図書室、運動会、など） ②1つまたはいくつかの手型を決める。（例：「テ」「ヒ」「サ」などの手型） ③NMとCLをつけて、手話ポエムのリズムで、みんなの前で発表する。 ④みんなで感想や意見交換。 ※手型は3つ以下にとどめることが望ましい。 例：手型「テ」の手話ポエム 海／寄せては返す波（CL）／静かな水面（CL）／気持ちいい／

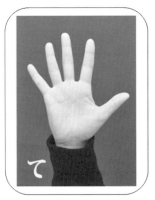

手型「て」のカード

魚

気持ちいい

静かな水面（CL）

活動の ポイント	・創作の楽しさを知る。 ・友達の表現を見ることができる。
他学年への アレンジ例	中学年：「夏休みの思い出」／中学部：「社会問題」 　　　　指定のテーマにそった手話ポエムを考える。 幼稚部：手話リズム（幼稚部） 小3・4：手型カルタ 中学部：ショートポエム
コラム （解説）	手話ポエムはろう者独特の芸術的表現の1つである（聴者なら詩や歌など）。日常生活の会話とは異なった表現・構成力が要求される。

手型 DE ビンゴ！

　手話の語彙を増やすことができる遊び。手話は、同じ手型でも「動き」や「位置」、顔や肩の動きによってまったく違う意味になる。写真にある手型「ヒ」を使った手話単語を見ると、動きや位置が違うのがよくわかる。

対　象	小学部1・2年
ねらい	・手型を分析する力を育てる。 ・手話語彙を増やす。
人数・形態	3人以上
所要時間	15分
主な例文	手型「ヒ」（見る、言う、聴者、ケンカ、会う　など）
準備物	・手型カード ・ビンゴカード（9コマ） ・筆記用具
手　順	①決まった手型の手話単語9個を、ビンゴカードに1枚ずつはって作る。 ②ビンゴをひく人を決める。 ③ビンゴをひく人は、決まった手型の手話単語を1つずつ発表する。 ④発表された手話単語とビンゴカードに書いてある手話単語がマッチすれば、赤い〇をつける。 ⑤ビンゴになった人が勝ち。

手型「ひ」

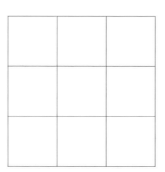

ビンゴカード

見る

言う

聴者

ケンカ

会う

活動の ポイント	・ゲーム感覚で楽しみながら語彙を増す。 ・楽しく遊びながら手型を分析する。
他学年への アレンジ例	小3・4：コマ数を増やす（例：9コマ→16コマ） 小5・6以上：「手型＋位置」 （例：手型「サ」＋位置「顔」＝病気、良い……） 幼稚部：手型じゃんけん 中学部：ミニマルペア探し
コラム （解説）	手話語彙は教員からのインプットだけでは足りない。友達との やりとりで知る語彙もある。 楽しみながら「語彙」のみに集中できることから、ビンゴゲームはかなり有効である。

動物 CL クイズ

　日本手話には CL という文法要素がある。これは、物の形や動きや様子を表すものである。ジェスチャーは、人によって表し方が異なるため見る人によって理解がちがうことがあるが、CL には CL の言語的ルールがあり、誰にでも同じように伝わる。ここでは、CL の初歩的な表現に挑戦してみよう。

　※ CL については、第 7 章「日本手話の文法 用語の解説と働き（保護者配付用）」参照

対　象	小学部 1・2 年
ねらい	・動物の手話単語と CL 表現を区別できるようにする。 ・オノマトペまたは NM（副詞）の意識を育てる。
人数・形態	2 人以上
所要時間	15 分～30 分
主な例文	ぞうの歩き方／にわとりの歩き方
準備物	・動物のイラストカード
手　順	①いくつかの動物のイラストカードを提示し、それぞれの動物の手話単語をモデル表現する。 ②それぞれの動物の歩き方を児童が身振りで表現してみる。 ③②の身振りを CL 化する。 ④様々な動物の歩き方の CL のクイズを出し合う。 ※②は省略可 ※「歩き方 CL クイズ」、「体の模様クイズ」と限定しても面白い。

象

象の歩き方（CL）

にわとり

にわとりの歩き方（CL）

活動の ポイント	・遊びながら手話単語と CL の違いを知る。

他学年への アレンジ例	【手話科の活動】 小 3・4：手話ポエムの中の CL 表現を見つける 小 5・6：CL リレー創作 【他教科との連携】 小 3・4　理科：「昆虫のからだのつくり」 小 5・6　理科：「動物のからだのつくり」

コラム （解説）	動物の名前（手話単語）を表現するだけでは、動物の特徴（大きい動物や小さい動物などの概念）を理解したことにはならない。動物 CL クイズを通して、動物の特徴をきちんと理解させることが大切である。

大小 CL あてっこゲーム

　物の形や動き、様子を表す CL は、大きさを伝えるときにも使われる。体の動きを大きくしたり小さくしたりするだけではなく、顔の動きも加わる。顔の動きとは目の開き方やほおの膨らませ方、うなずきや肩のすぼめ方などで、NM という日本手話の文法要素である。

　※ NM については、第 7 章「日本手話の文法 用語の解説と働き（保護者配付用）」参照

対　象	小学部 1・2 年
ねらい	CL 表現を通してモノの大きさなどの概念を育てる。
人数・形態	2 人以上
所要時間	15分
主な例文	大きな「かさ」、ちいさな「かさ」　▶
準備物	【かさがテーマなら】 ・大きい傘、小さな傘のイラスト 【お弁当がテーマなら】 ・大きいお弁当、小さなお弁当のイラスト
手　順	【テーマの例：かさ】 ①イラストを提示。 ②大きい傘の CL、小さな傘の CL ③大きい傘はどんな人（動物）が入るかな？（例：ぞう） ④小さな傘はどんな人（動物）が入るかな？（例：ねずみ） ⑤提示された動物に合わせて「傘」を適切な大きさで、CL 表現する。

大きな傘

小さな傘

大きな傘をさして歩くモノ

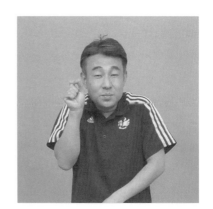

小さな傘をさして歩くモノ

活動の ポイント	・とても大きいモノを表す時は NM 表現（副詞）が便利であることに気づく。

| 他学年への
アレンジ例 | 【手話科の活動】
・ハルミブックの手話文の理解
・絵本『かさかしてあげる』（こいでやすこ著、福音館書店、2002年）の読みきかせ

【他教科との連携】
小1・2　算数：かさの比較
小3・4以上　社会：地図の説明、県の広さ |

| コラム
（解説） | ろう児が「大きさ」の概念を理解するには、CL と NM（副詞）が必須である。大小を説明するより、ゲーム形式で自然に「大きさ」の概念を理解できることがよい。 |

手話 DE フルーツバスケット

フルーツバスケットは、多くの人が一度は遊んだことがあるゲームであろう。これに手話をミックスしたのが手話 DE フルーツバスケットである。一般のフルーツバスケットが音声で指示を出すのに対して、手話 DE フルーツバスケットは手話や絵カードで出す。

このゲームで上位概念と下位概念について自然に学ぶことができる。ろう児は「目で情報を得る」子どもたちである。視覚を使った注意力（見て情報を得る）に挑戦しよう。

対　象	小学部 1・2 年
ねらい	多方面での手話を見る。（真正面ではない）
人数・形態	5 人以上
所要時間	10〜20分
主な例文	乗り物（飛行機、バス、船　など）
準備物	椅子
手　順	一般的な「フルーツバスケット」のルールとほぼ同じ。

①カテゴリー（上位概念）を決める。
　（例：動物、乗り物、昔話、ある手型の手話　など）
②自分に関することを言われたら席を立つ。
※立ち遅れたり、間違えて立ったりした人はオニと交代
③「全部！」とオニが言ったら全員が立つ。

飛行機

バス

船

自転車

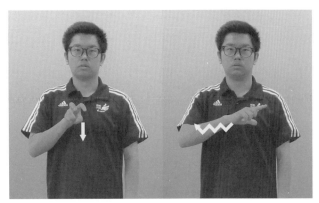

乗り物

活動の ポイント	遊びながら手話発言者のほうを見ることができる。
他学年への アレンジ例	小3・4：あるカテゴリーを決める（例：動物、乗り物など） 小3・4：見た手話を指文字で表現する
他学年との つながり	小3・4：「よい聞き手になろう」（国語教科書）
コラム （解説）	ろう児は教員だけを見がちであり、友達が発言するのを瞬時に見るのが遅い子がいる。フルーツバスケットを通して、瞬時に多方面を見回す習慣を身につけさせたい。

手話辞典をつくろう

　「辞典」と聞くと分厚い本をイメージする人が多いと思うが、手話辞典は書物ではなく「動画」である。語句を決めてスキットを作って動画に納める。スキットは一般的な辞書の「例文」にあたる。語句とその意味、例文を動画にするという作業によって、動きのある手話という言語の魅力を感じることができるだろう。完成した手話辞典を見せ合うことで、互いに手話の語句の定着が望める。

対　象	小学3・4年
ねらい	・語彙を増やす ・語彙の例文作り
人数・形態	1人～グループ活動
所要時間	3～5コマ（構成を考える→撮影→編集→鑑賞と振り返り）
主な語句	「目／安い」「ポッ?」「しまった（パ）」
準備物	・構成メモ（台本） ・ビデオカメラ ・三脚 ・PC（編集用ソフト）
手　順	①導入用動画（先輩が作った手話辞典の動画）を見る。 ②「語句」を決める。（テーマ決め） ③構成を考える。 ～基本的な構成～ 　（1）スキット 　（2）語句の表現（2回繰り返し） 　（3）語句の意味を説明する 　（4）スキットの例文を表現（2回繰り返し） ④考えた構成をもとに、小道具を用意する。 ※小道具はなくてもよい。 ⑤撮影する。 ⑥撮影データをPCに取り込んで、編集する。 ⑦鑑賞会を開き、みんなで振り返る。

しまった（パ）

活動の ポイント	・個人活動も可能だが、グループ活動が望ましい。 （協働性の向上）
他学年への アレンジ例	小1・2：スキットと語句表現のみにとどめる 小5・6：基本的な構成に「対義語または類義語」を加える
コラム （解説）	「台本作り→撮影→編集」という一連の作業はろう者ならではの活動であり、聴者にとっては作文を書く活動にあたる。自分のイメージをメディア化することで表現力を高める。 集団行動を通して「社会性を育む」ことのできる、数少ない活動の1つである。

「マウスジェスチャー」の マッチングゲーム

　日本手話には独自の口の動き（口型）がある。代表的なものがパ行（パ、ピ、プ、ペ、ポ）の口の動きである。例えば、〈終わり〉という手話単語と同時に〈パ〉の口型をする。動画で確認してみよう。

　他にも、名詞には日本語の口型を付けることがあるが、動詞は NM 表現を伴うことが多いため、日本語の口型は付かない。

　＊第 7 章の「その他の文法用語解説」参照

対　象	小学部 3・4 年
ねらい	カードゲームを楽しみながら、「マウスジェスチャー」の使い方を理解する。
人数・形態	1 〜 10 人
所要時間	10 分〜 15 分
主な口型	「パ」（しまった）　▶ 「ピ」（なんだ） 「プ」（不要） 「ペ」（じゃない？） 「ポ」（ついでに）　など
準備物	・マッチングカード（口型カードと手話カードの 2 種類）
手　順	〈パターン①〉 ・マッチングカードで神経衰弱をする。 〈パターン②〉 ・口型の問題を出して、当てはまる手話カードをとる。 〈パターン③〉 ・手話の問題を出して、当てはまる口型カードをとる。

しまった（パ）

なんだ（ピ）

不要（プ）

じゃない？（ペ）

ついでに（ポ）

活動の ポイント	・NM とマウスジェスチャーの違いを理解する。

他学年への アレンジ例	小1・2：CL あてっこクイズ（NM を意識する） 小5・6：オノマトペを CL で表す（NM を意識する）

コラム （解説）	口話の練習を受けた経験がない子どもは、口に対する意識が弱い場合がある。マウスジェスチャーを知ることによって、口が持つ役割（マウスジェスチャーと NM）を理解させることがポイントである。

指文字ストーリー

　手の形（手型）を決めて、その手型を使ったストーリーを創作する。手型から作った手話ポエムが情緒的・詩的で韻律（リズム）があるのに比べて、ストーリーはふつうの「語り」である。指文字ストーリーの例「テーマ：夏」の動画を見て、イメージを膨らませよう。

対　象	小学部3・4年
ねらい	手話語りを創作する。
人数・形態	1人以上
所要時間	20〜50分
主な例文	指文字を使ったストーリーを作る。　▶
準備物	・指文字表 ・構成メモ
手　順	①ストーリーのテーマを決める。 ②手型〈指文字「あ」〉の手話をいくつか考える。 ③②と同様に「い」〜「お」の手話をそれぞれいくつか考える。 ④考え出した手話を組み合わせてストーリーを作る。 ⑤発表する。 ※発表後、感想や意見交換または振り返りがあるとよい。

【指文字ストーリーの一例】
※ここではNM・空間利用の記述を除く。表現する時に気を
　付けること！

テーマ「夏」	テーマ「運動会」
指文字の範囲　「な行」	指文字の範囲　「あ行」
ナの手型→歩いてプールに飛び込む(CL) ニの手型→泳ぐ（CL & RS） ヌの手型→プールサイドに座る 　　　　　（CL & RS） ネの手型→気持ちいい ノの手型→ PT1	アの手型→徒競走で並ぶ人（CL） イの手型→いい（仕方ない） ウの手型→ゴールテープ（CL） エの手型→徒競走ライン（CL） オの手型→旗のCL

手型「な」

手型「に」

手型「ぬ」

手型「ね」

手型「の」

活動の ポイント	・創作の楽しみを知る。 ・友達の手話表現を見る機会が増える。
他学年への アレンジ例	小5・6：リレー創作 中学部：ショートポエム
コラム （解説）	「指文字ストーリー」とは、俳句には5・7・5調という決まりがあるように、指文字に限定してそこからストーリーを作るという芸術的な表現活動である。「指文字ストーリー」の他に「数字ストーリー」もろう者に好まれる。

5W1H をあてよう！

　手話には「てにをは」がないという話を聞いたことがあるかもしれないが、英語にも「てにをは」はない。それぞれの言語には、日本語の「てにをは」に代わる文法がある。

　ここでは、日本手話の5W1Hに注目。日本手話の5W1HのポイントはNM（顔の動き）である。「なに？」と「どこ？」を聞く時は手型・動き・位置は同じで、NMが違う。

対象	小学部3・4年
ねらい	・大事なところを見落とさないように手話を見る。 ・5W1Hの意味を理解する。
人数・形態	1人〜8人
所要時間	5分〜20分
主なテーマ	「休日の出来事」「社会見学の感想」「夏休みの思い出」など
準備物	・5W1Hのカード
手順	①スピーチのテーマを掲示する。 （例：昨日のできごと、算数で学んだこと　など） ②スピーチの内容を考える。（1分以内） ③みんなの前でスピーチする。 ④スピーチを見た人が5W1Hを1つずつ答えていく。 ※判定者はスピーチした人

When：いつ

Where：どこで

Who：だれが

What：何を

Why：なぜ

How：どのように

活動の ポイント	・伝えたいことを5W1H に合わせて整理し、メリハリをつけ 　て発表する。 ・聞く人は「聞き落とさないように注意すること」を意識する。
他学年への アレンジ例	小5・6：手話ニュースを作ろう 中学部：ロールプレイ「ろう通訳」
コラム （解説）	日常会話とは違い、きちんと整理して伝えることの重要性を 知り、友達同士で勉強の会話に役立てるとよい。 聞く態度がよくても、「話の聞きもらし」があることに気づか せ、ろう児の情報収集力を高めることが大切である。

手話方言クイズ

　どの国の言葉も、それぞれの地域によって異なる表現「方言」がある。日本手話でも同様に全国各地に方言があり、その地域の文化や暮らしが伺える。

　ろう者は手話の「方言」を学習することで自らが属するろうコミュニティーの広さ・深さを知る。日本手話には標準語がないという人もいるが、NHK の手話ニュースの普及などにより、共通化が進みつつある。基本的に異なる地域のろう者同士が会って話が通じないことはない。

　共通語の普及は学校教育（国語）によるところが大きく、手話が禁じられたり、手話という教科がない日本のろう教育の結果で、以前は学校ごとに異なる手話（特に教科の名前など）が使われていたこともあった。明晴学園は、日本で唯一、手話という教科があるろう学校である。

対　象	小学部 3・4 年
ねらい	手話の方言を知り、楽しむ
人数・形態	1 人以上
所要時間	5 〜30分
主な例文	・色（茶色、紫色など） ・野菜、果物　など
準備物	・絵カード ・日本地図 ・手話方言の動画（ある場合）
手　順	【活動例】 ①手話方言カードを出し、東京手話（もしくは全国で通じる手話）は何かを答える。 ②○○を表す手話方言の地域を答える。 ③手話方言を使った例文を発表しあう。

茶色（東京）

茶色（鹿児島）

茶色（長崎）

犬（東京）

犬（広島）

犬（鹿児島）

活動の ポイント	・手話方言を通して、日本語の方言も知る。 ・社会科の学習と連携すると、もっとよい。
他学年への アレンジ例	小5・6：昔の手話クイズ 中学部：性差を表す手話を考える
コラム （解説）	ろう児は将来、全国的なろうコミュニティに入る。その時に よく出る話題として、「手話方言」がある。こうした機会を見 通した活動となっている。 本活動を通して、「日本」についての社会学習に対する関心を 高めることができる。

リレー創作（手話語り・CL物語）

　決められたテーマに合わせて自分で物語の一文を作り、友達にバトンタッチして続きを考えてもらう、みんなで１つの話を作るという遊びである。話の流れに正解・不正解はないので、予想外の展開になる面白さを体験できる。

　日本手話は、空間を利用する3D言語なので、音声言語や書記言語より物語やポエムをリアルに表現することができる。手話の特徴を活かした創作に挑戦しよう。

対　象	小学部5・6年
ねらい	前後の人の話をつなげて物語を創作する。
人数・形態	3～8人程度
所要時間	10～30分
主なテーマ	【手話語りバージョン】 　運動会等の行事、掃除の時間、昼休み　など 【CLバージョン】 　夏の空、春のイメージ、冬の校庭　など
準備物	・リレー創作の活動イメージ（円陣の図）カード
手　順	◆リレー創作（手話語りバージョン） ①王様がテーマを決めて出す。 ②テーマに合った内容で、初めの人は手話の一文を表現する。 ③次の人はテーマに合った内容で、しかも前の人の続きの内容を手話の一文で表わす。 ④グループで1周する。（リレー手話創作） ⑤王様の番になったら、1周した手話文を全部つなげ、1つの物語として表現する。 ◆リレー創作（CLバージョン） ①王様が風景のテーマを決めて出す。 ②初めの人はテーマに合った内容でCLの1シーンを表現する。 ③次の人はテーマに合った内容、かつ前の人の続きの内容をCLの1シーンで表す。 ④グループで1周する。（リレーCL創作） ⑤王様の番になったら、1周した手話文を全部つなげ、1つの情景描写として表現する。

テーマ

はじめの文

続きの文

最後の文

活動の ポイント	・「話をつなげる」ことを意識しながら活動する。 ・話をつなげるためには、「人の話を聞く、人にきちんと伝える」ことが重要であることを理解する。
他学年への アレンジ例	小3・4：5W1Hを当てよう 中学部：RS & CLでショートポエム
コラム （解説）	小6の国語教科書に「リレーで1つのお話を作る」という単元があり、それをベースにしたもの。日本手話ならではのリレー創作をすることで表現力・伝達力を磨いていく。

このオノマトペ、な～んだ？
（CLで表してみよう！）

　自然の音や生き物の声、その状態や情景を表す擬音語や擬態語のことをオノマトペ（onomatopoeia）という。実際には音がない風船が飛ぶ様子を「ふわふわ」と表したり、緊張する心を「ドキドキ」と表現したりする。

　オノマトペは国や文化などで異なる。日本手話には日本手話の文法要素（CL、NM、RS、空間利用）を使ったオノマトペのような表現があり、その数は無限である。

対　象	小学部5・6年
ねらい	NMとCLでオノマトペを表せることを理解する。
人数・形態	1人～10人以上
所要時間	10～20分
主な例文	雨の様子、海（波）の様子、車が走る様子　など
準備物	・オノマトペを表す絵のイラストカード（導入用） ・漫画など（児童が自分で持ってくる）
手　順	①絵本、動画を切り取った写真、漫画の1シーンを掲示する。 ②挙手した人が、写真を見てNMとCLで表わす。 ③その表現について、「写真と手話表現のイメージが合っているか？」、意見や感想交換を行う。 ④（時間が余れば）提示した物に合う日本語のオノマトペのカードの中から、当てはまる「オノマトペ」を選ぶ。 ※NMとCLで表してみよう。

手話単語「雨」

ポツポツ

しとしと

ザーザー

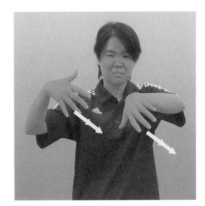

ゴーッ

活動の ポイント	・漫画などでよく見られるオノマトペをどのように手話表現 するか？を考えながら活動する。 ・本活動は日本手話と日本語の翻訳体験にもつながる。
他学年への アレンジ例	小5・6：リレー創作（CL バージョン） 中学部：RS & CL でショートポエム
コラム （解説）	日本語のオノマトペは日本手話で表せず、指文字で表現する しかないと長年思われてきたが、NM と CL（RS も）があれば、 日本語のオノマトペに相当する事象を手話で表現できる。

あなたは賛成⁉ それとも反対⁉ （子ども討論会）

　子ども討論会は、第8章 手話科の教育実践（指導案集）の「学級討論会をしよう」で授業の作り方が紹介されている。討論では、自分の意見を考え・まとめ・伝え、相手の意見を聞いて・理解し・疑問をもつことが要求される。その基盤となるのが、自在に使える自分の言語である。もちろん、討論相手との共通言語も必要になる。

　この活動では、ろう児も聴児も、自分の言語の大切さが実感できるだろう。

対　象	小学部5・6年
ねらい	主張と理由を筋道立てて伝え、大事なところを聞き落とさないようにする。 ※本格的なディベートではないので、質問や最後の主張は省略する。この活動はディベートができるための基礎固めがねらいである。
人数・形態	5〜15人程度
所要時間	15〜30分
主なテーマ	時事問題、学校のルール　など　▶
準備物	【グループ】司会、賛成、反対カード 【進行】主張カード2枚（賛成／反対）、判定カード
手　順	①司会グループ（または1人）がテーマを提起する。 　（主に時事問題。例：運転のマナー、新紙幣の発行　など） ②賛成グループ（または1人）の「主張」を考え、みんなの前で発表する。 ③反対グループ（または1人）の「主張」を考え、みんなの前で発表する。 ④司会グループ（または1人）は納得できた点、できなかった点を比較し、賛成側と反対側のどちらがよい主張をしたかを判定する。

活動のポイント	・「主張」と「意見、感想」は全く別であることに気づく。 ・説得力を持った話し方について考える。
他学年へのアレンジ例	小3・4：5W1H を当てよう 小5・6 社会：「憲法は変えるべきか？」
コラム（解説）	小6の国語教科書の単元「学級討論会」をコンパクトにしたものである。時事問題について自分の意見を持ち、理由をつけて説明できる力を身につける必要がある。その経験を積み重ねてはじめて、本格的なディベートができる。

手話ニュースをつくろう

　一般的にニュース原稿を作ったり、伝えたりするためには高度な言語力（学習言語）が必要である。それは日本手話でも同じである。学習言語は指導や指摘を受けて繰り返し練習しないと身に付かない。

　「手話ニュースをつくろう」は、みんなで楽しみながらできる学習言語の習得をねらった学習活動のひとつである。

　※学習言語については、第1章 手話科とは？「生活言語と学習言語」参照

対　象	小学部5・6年
ねらい	グループで協力し合いながら「手話ニュース」を作る。
人数・形態	3人グループ
所要時間	即興：5〜15分 短時間活動：30〜50分 単元：10コマ
主なテーマ	・時事問題 ・小学生へのインタビューまたはアンケート
準備物	・ニュース原稿（インタビュー、構成メモ） ・ビデオカメラ、三脚 ・掲示物（手話ニュースに使う写真など）
手　順	①話題を1つ決める。 ②ニュース原稿（5W1Hのワークシート）を自分で記述する。 ③練習する。 ④手話ニュースを撮影する。 ⑤撮影したニュースの動画を見て、下記のポイントを使って振り返る。 　（1）手話の大きさ、速さ、明確さ 　（2）伝えたいことが伝わったか？

明晴手話ニュース

ワークシート

活動の ポイント	・グループに分かれて、企画から撮影までのすべてをグループで助け合いながら進める。（ろう文化に合った行動） ・ニュースらしい伝え方を考える。（中立的立場、時間の制約など）
他学年への アレンジ例	小3・4：手話辞典を作ろう 中学部：ロールプレイ「ろう通訳」（ろう文化理解）
コラム （解説）	手話ポエムやろう演劇などの芸術的表現とは対照に、説明文らしい手話表現という学習言語の力が要求される。小5・6になると、様々なジャンルの手話表現を磨く適切な発達段階にあるため、この時期に適した学習活動と言える。

昔の手話クイズ

　使われていない昔の文章や言葉をなぜ学ぶのか。それは、その時代の人間や社会、自然等に対する考え方や感じ方を理解し、その文化のルーツを含め、深く知ることができるようになるからである。

　身近な例では、固定型の黒電話がダイヤル式からプッシュボタン式に代わり、今では携帯電話（スマホ）になった。電話の形によって手話の〈電話〉の形も変わる。手話学習者も、昔の表現を知ることで手話の歴史と奥深さを感じることができるだろう。

対　　象	小学部5・6年
ねらい	昔の手話を知ることで、「手話の時代的変化」を理解する。
人数・形態	1人以上
所要時間	10～50分
主な例文	飛行機、電話　など
準備物	・「昔の手話」の動画 ・絵カード
手　　順	◆昔の手話クイズ（初級者向け） ①問題を出す人が「昔の手話」を表現する。 ②3つの答えの中から当てはまるものを選ぶ。 ※「昔の手話」が分かるようになったら、カルタ形式にしてもよい。 ◆昔の手話クイズ（上級者向け） ①問題を出す人が「昔の手話」を使った例文を表現する。 ②その例文が合っているかどうか、みんなで意見交換する。

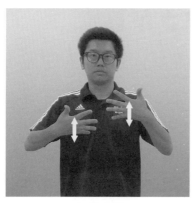

テレビ（今）　　　　　　　　　　　テレビ（昔）

飛行機（今）　　　　　　　　　　　飛行機（昔）

活動の ポイント	・国語（古文）で旧仮名遣いを学ぶことと同じように、「昔の 手話」をクイズ形式で学ぶ。

他学年への アレンジ例	小3・4：手話方言クイズ 中学部：ろう偉人とサインネームと功績

コラム （解説）	日本手話は明治時代に生まれ、およそ200年の歴史がある。「昔の手話」を知ることは「ろうの歴史」を知ることにもつながり、自らのアイデンティティと言語を見つめる大切な機会となる。中学部から本格的に「ろう者学」が始まるが、本活動は「ろう者学」の入り口にあたる。

ミニマルペアさがし

　手話の音韻は、手の形、手の動き、手の位置という3つの要素で構成されている。ミニマルペアとは、この3つの要素のうち1つだけ異なる2つの単語（ペア）のことである。

　はじめは、手型、動き、位置のカードを使うとやりやすいだろう。手話学習者は、「ミニマルペアさがし」でゲームをしながら手話の単語を覚えることもできる。

対　象	中学部
ねらい	ミニマルペアの理解と分析力を高める。
人数・形態	2人以上
所要時間	10〜15分
主な例文	「○○（手型・位置・動き）だけ違う手話は？」　▶
準備物	【3つのカード】（3つのカード×5セット以上） ・手型カード 　（カードの中身：手型「ヒ」、手型「サ」、手型「テ」など） ・位置カード 　（カードの中身：頭・ひたい・鼻のあたり・口とあご・胸・お腹・腕） ・動きカード 　（カードの中身：↑・↓・←・→・曲線・反復・対称　など）
手　順	①3つのカードから1つ選ぶ。 ②選んだカードで、「○○だけ違う手話は？」 ③ミニマルペアの手話を2つ答える。 ④答えられたら、選んだカードを渡す。 ⑤枚数が多いほうが勝ち。 ※ミニマルペアさがしに慣れたら、カードなしで問題を出し合う。

【手型違い】 【位置違い】 【動き違い】

おかしい 黄色 新しい

かまわない なるほど おめでとう

<table>
<tr><td>活動の
ポイント</td><td>・手話の韻律の要素である手型、手の動き、手の位置の分析を楽しむ。
・手話の語彙を増やす。</td></tr>
<tr><td>他学年への
アレンジ例</td><td>下級生へのアレンジ：○○（手型・位置・動きのうち1つだけ）が同じ手話を集めよう。
※手型→位置→動きの順に難しくなる。</td></tr>
<tr><td>コラム
（解説）</td><td>手話の音韻は3つの要素（手型・位置・動き）でできている。ミニマルペアとは2つの要素が同じで、もう1つの要素が異なる手話のことであり、ミニマルペアを意識することで分析力を高めることができる。</td></tr>
</table>

第9章 手話科 学習活動事例集

カルタとりは3枚!?
（手型・位置・動き）

「ミニマルペアさがし」で手話の音韻の3つの要素を理解したらカルタとりに挑戦してみよう。ただし、お題の1単語に対して、取るカルタは1枚ではなく3枚（手型、動き、位置）である。

カルタは「準備物」を参考に作ろう。瞬時に考えることが多いぶん大変だが盛り上がる。

対　象	中学部
ねらい	手話語彙を言語学的に分析する。
人数・形態	3〜10人程度
所要時間	10〜45分
主な例文	問題の手話語彙を読み上げる（例：「作る」「努力」「説明」など）
準備物	【3つのカード】（3つのカード×5セット以上） ①手型カード 　　カードの中身：手型「ヒ」、手型「サ」、手型「テ」など ②位置カード 　　カードの中身：頭・ひたい・鼻のあたり・口とあご・胸・お腹・腕など ③動きカード 　　カードの中身：↑・↓・←・→・曲線・反復・対称など
手　順	①チームに分かれて対抗する。（最低3人グループ） ②グループの中から手型担当・位置担当・動き担当を決める。 ③出題者が問題を出す。　例：「お題は……「作る」！」 ④手型戦場は（2人以上）は手型「サ」のカードを取り合う。 ⑤位置戦場は（2人以上）は位置「胸」のカードを取り合う。 ⑥動き戦場は（2人以上）は動き「反復」のカードを取り合う。 ⑦③〜⑥を繰り返し、カルタの枚数が多いチームが勝ち。

【手型カード】 　　　　【位置カード】 　　　　【動きカード】

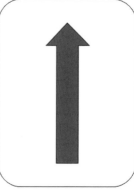

手型「ひ」 　　　　　　　　額 　　　　　　　　　　↑

手型「さ」 　　　　　　　　胸 　　　　　　　　　曲線

活動の ポイント	・手話の音韻は「手型・位置・動き」の3つの要素でできて 　いることを理解する。 ・手話の言語的分析を楽しむ。
他学年への アレンジ例	小1・2：手型 DE ビンゴ 中学部：ミニマルペアさがし
コラム （解説）	手話の音韻は3つの要素（手型・位置・動き）でできている。 カルタゲームを楽しみながら3つの要素を同時に分析するこ とで、手話の音韻意識とともに手話に対する言語学的分析の 力を育てる。

RS & CL でショートポエム

　小学部 1・2 年の「手型の手話ポエムを作ろう」では手型に注目してポエムを作ったが、ここでは RS（指示対象や物語の視点によって話し方が変わる標識）を使ってレベルアップしたポエムに挑戦する。ショートポエムのモデル動画を見て、「はじめ、なか、おわり」の構成を意識して作ってみよう。

対　象	中学部
ねらい	・手話文学に親しむ。 ・様々な RS と CL 表現を使ったショートポエムを発表または鑑賞しあうことで、自分の手話表現力を高める。
人数・形態	1 人以上・ペアまたはグループ活動も可
所要時間	1 コマ
テーマ例	「部活」「学校の帰り道」など　▶
準備物	・モデル動画（導入用） ・ショートポエムのメモ 　（1）ショートポエムのテーマ　（3）RS 対象 　（2）どんな CL ？　　　　　　（4）ストーリー ・ビデオカメラ（鑑賞用記録）
手　順	①ショートポエムのモデル動画を見る。 ②ショートポエムの中学生相応のテーマを決める。 　例：人生、「ろう」であること、座右の銘　など ③シーンを 3 つ（はじめ・なか・おわり）決める。 〈例〉

テーマ「人生」	テーマ「ろう」であること
はじめのシーン→人生の岐路 なかのシーン→周りの人に囲まれている おわりのシーン→人生の岐路	はじめのシーン→聴者の世界 なかのシーン→ろうに出会う おわりのシーン→ろう者の世界

④テーマに合ったストーリーを考える。
⑤RS によるシーンの切替（クローズアップと鳥瞰図）に気をつけて、手話ポエム調で、みんなの前で発表する。
⑥みんなで下記のポイントについて評価し合う。
　（1）テーマに合っているか
　（2）シーンの切替ができていたか
　（3）手話ポエムのリズム感は適切か？
※1 人で手話ポエムを考えたり、グループで相談して手話ポエムの内容を決めたりすることができる。

はじめ→大木

なか→切られる

おわり→再生

活動の ポイント	・手話単語を最小限におさえることで、CL の多彩な表現を考える。
他学年への アレンジ例	小1〜4：手型ポエム 小5・6：リレー創作
コラム （解説）	ショートポエムとは、20〜30秒（目安）で表現できる手話ポエムのことである。

第9章　手話科 学習活動事例集

ろう偉人と、サインネームと、功績

　ろう者の多くがサインネームをもっている。これはニックネームのようなものである。名前の漢字を表すものだったり、容姿の特徴や性格を表すものだったりする。手話はろう者の言語なので、サインネームの名づけ親もろう者にお願いするのがいいだろう。

　ここでは、サインネームのカルタで歴史上の人物（ろう者）を学習する。

対象	中学部
ねらい	ろうの歴史を知る。（入門レベル）
人数・形態	１人以上（自習形式、講義形式　どちらも可）
所要時間	・短時間活動：15～50分 ・単元計画：10コマ
主な ろう偉人	【日本】横尾義智、吉川金造、藤本敏文　など 【世界】ローラン・クレール、ド・レペ（聴者）　など　▶
準備物	カルタ 「ろう偉人の写真」「サインネームの手型」 「功績（キーワードまたは絵）」をそれぞれ用意する。
手順	①カルタ「ろう偉人の写真」「サインネームの手型」「功績（キーワードまたは絵）」をそれぞれ用意する。 ②問題を出して、問題に当てはまるカルタを取る。 〈問題例〉 （１）○○のサインネームは？ （２）サインネームが示す「ろう偉人」の写真はどれ？ （３）「ろう偉人」の写真を提示し、功績について答える。（手話で説明できるかどうか？） （４）功績の内容に合ったサインネームは？ （５）サインネームで示した人の名前をフルネームで答える。 など ※生徒の力に合わせて、問題の出し方やバリエーションを工夫できるとよい。

横尾義智のサインネーム

吉川金蔵

ローラン・クレール

ド・レペ

活動の ポイント	・ろう者学の学習活動の１つであることを理解する。 ・楽しみながら「ろう偉人」について理解する。
他学年への アレンジ例	中学部：社会（日本史、世界史） 小5・6：昔の手話クイズ
コラム （解説）	日本人が日本の歴史を学ぶことと同じように、ろう者も「ろうの歴史」を学ぶことで、自らのルーツを知り、将来の生き方を考えることが大切である。本活動は「ろうの歴史」の入り口としてカルタゲームを行う。

ロールプレイ「ろう通訳」

　手話を日本語に通訳したり、日本語を手話に通訳することを手話通訳という。

　日本では手話通訳者はすべて聴者であるが、アメリカでは聴者の手話通訳をもとにろう者が"ろう者の手話"に替える「ろう通訳」が活躍している。

　ろう通訳者は、麻痺がある人や、病気の高齢者の手話を読み取ったり、自然災害や事件、事故など、緊急性が高くその危険性を正確に伝える必要がある場面で重要な役目を果たしている。逆にエンターテインメント性の高いセレモニーなどでも、楽しく分かりやすい感動的な手話で場の雰囲気づくりに貢献している。

対　象	中学部
ねらい	ロールプレイを通して「ろう通訳」を理解する。
人数・形態	2人〜10人程度
所要時間	1コマ
主な場面	病院、講演、大学　など
準備物	・手話動画（ミラー通訳用） ・日本語の文（翻訳用） ・ビデオカメラ ・三脚
手　順	◆ろう通訳（ミラー通訳バージョン） ①手話動画を見てミラー通訳をする。 ※その様子を撮影する。 ②撮影されたミラー通訳の動画を見て、評価しあう。 （1）大切なところを見落としていないか （2）手話表現は適切か？ ◆ろう通訳（翻訳バージョン） ①あらかじめ日本語の文章を読んで、手話表現を考える。 ②日本語の文章を棒で示し、それに沿って手話翻訳する。 ※その様子を撮影する。 ③撮影されたろう通訳の動画を見て、評価しあう。 （1）翻訳に大きな間違いはないか？ （2）手話表現は適切か？

ろう通訳

<table>
<tr><td>活動の
ポイント</td><td>・ろう通訳のポイントをおさえる。
・ろう通訳で必要な場面をイメージする。</td></tr>
<tr><td>他学年への
アレンジ例</td><td>小1・2：ハルミブック21課「手話通訳」
小5・6：手話ニュースをつくろう</td></tr>
<tr><td>コラム
（解説）</td><td>日本の社会ではろう通訳はまだ浸透していないが、将来的に自分もろう通訳を行う機会がくるかもしれない。本活動のロールプレイを通して、「ろう通訳」の意義を考えさせることが大切である。</td></tr>
</table>

【付録1】 手話表出のチェックリスト

ドゥルリー聾学校 ASL 診断ツール
（2008）明晴学園訳

◆評価基準

到達度レベル（数値化）	
N	該当せず
1	弱い
2	普通
3	良い
4	言語的特性の強力な使用

◆評価項目（全24項目　244点）

（1）語彙の表出	
NM	語との結合
	文法との結合
手型	特定の語のために手型を用いる
動き	特定の動き （例：7の動き、弧、直線、波線）
位置	語の中での位置の移動、 特定の語の中での位置の使用
手のひらの 向き	話者向き
	相手向き

（2）語中の全ての指文字の表出	
手型	
速さ	
流れ	
位置	
方向	
NM	語との結合
	文法との結合

（3）語中の全ての指文字の読み取り	
視認	
文脈中での 理解	
NM の認識	

（4）語彙化した指文字の表出	
手型	
速さ	
流れ	
位置	
方向	
NM	語との結合
	文法との結合

（5）語彙化した指文字の読み取り	
視認	
文脈中での 理解	
NM の認識	

（6）語彙の選択と理解（表出と読み取り）	
基本的／ 具体的	家族や家のことについて話す語彙の使用
	人や物を説明する語彙の使用
	最近の出来事について話す語彙の使用
	毎日の決まった行動について話す語彙の使用
	指示をする時の語彙の使用
	物理的な状況を説明する語彙の使用
	感情や情緒を語る語彙の使用
	特定の教科（数学等）について語る語彙の使用
抽象的	哲学的な話題について語る語彙の使用
	・抽象的な政治の話題について語る語彙の使用 ・最新の論争について議論するための語彙の使用
	理論的な話題を共有するための語彙の使用
	科学を議論するための語彙の使用
	歴史を議論するための語彙の使用

	倫理的な問題を議論するための語彙の使用
	宗教を議論するための語彙の使用
	学校のカリキュラムやプログラムを議論するための語彙の使用
NM	語との結合
	文法との結合

（7）名詞と動詞のペア	
名詞	手型
	方向
	位置
	運動
	NM
動詞	手型
	方向
	位置
	運動
	NM

（8）分配のアスペクト	
アスペクトが使える	私が―ある人に―渡す
	ある人が―私に―渡す
	私が―それぞれの人に―渡す
	私が―すべての人に―渡す
分配のアスペクトを示す NM を結合できる	

（9）複雑化
集合名詞（例：人々）
反復または湾曲 CL を伴う名詞
複数の CL を伴う名詞
数詞を伴う名詞（5 色）
名詞＋不特定多数の数詞（多色）
複数化への NM の統合

（10）代名詞化
所有代名詞（一人称、二人称、三人称）
数の結合（あなたがた 2 人）
指示代名詞（あれ）
指標のための位置の使用
空間を設定するための位置の使用
代名詞を示すための CL の使用
眼前の物、人、出来事に関する会話に参加する
眼前の指示物がない会話に参加する
敬称の代名詞の使用
NM と代名詞の結合（視線、体の向き、うなずき）
代名詞化を示すための NM との結合

（11）位置動詞（ASL のみ）
体の特定の場所におかれて、動詞として働くサイン
動詞の運動の方向
位置動詞と NM の結合

（12）時
タイムライン（相対的な時）
タイムライン（テンス：過去・現在・未来）
数との結合（例：2 週間）
規則性（反復）
期間（継続）
概略の時（ほぼ午後 1 時）
時制を表す助動詞
時を表すための NM との結合

（13）ASL の限定詞 ※特定の名詞を指すための指差し
名詞の前
名詞と同時
名詞の後
NM との結合

（14）位置格
CL の使用による位置格の表示
指差しによる位置格の表示
ASL の語による位置格の表示
位置格を表すための NM との結合

（15）主語と目的語の一致
方向動詞
行動がおきている場所を示すための動詞の使用
直接呼びかけ
間接呼びかけ
主語—目的語の一致を示すための NM との結合

（16）時のアスペクト
時を越えて（規則的に、しばらくの間）
規則性（しばしば、くり返し）
長時間（長い間）
反復（長期間くりかえし）
時を表すための NM との結合

（17）数のシステム	
基数	実数
	物
	電話番号 自分が考えた番号
	いくつ持っているか
	ものを数える
	NM
序数	初めて、2回目…
	レベル
	NM
結合 システム	お金
	時—分
	一時
	一分
	一日
	一週
	一月
	一年
	スポーツ
	もっと
	NM
	時計
	年齢
	お金
	身長
	スコア
	代名詞

独特の 形式	比、割合
	小数
	その他の番号 （電話番号、住所、社会保障番号）
	NM
	減算
	加算
	積算
	除算
NM	

（18）CL	
名詞の CL	CL を使う前の ASL 名詞
	CL を使う前の指文字
動詞の CL	CL に適した動詞
形態素	全体を表す形態素
	表面を表す形態素
	道具を表す形態素
	深さと幅を表す形態素
	程度を表す形態素
	外周を表す形態素
	表面に付着している形態素
身体 CL	
CL と共起する顔の表情による形容詞	
CL と共起する顔の表情による副詞	
CL 述部	平叙文
	疑問文
NM	

（19）無変化動詞を用いた単文
自動詞（その少女はおろかだ）
他動詞（母は子を愛す）
話題化（子どもを、母は愛す）
疑問文を表す NM
否定文を表す NM
平叙文を表す NM

（20）一致動詞を用いた単文
主語—動詞—目的語
主語（代名詞）—動詞—目的語
主語—動詞—目的語（主語の代名詞）
疑問文を表す NM との結合
否定文を表す NM との結合
平叙文を表す NM との結合

(21) 基本文型
Yes ／ No 疑問文
WH 疑問文
疑問の指振り
質問をする
命令文
命令の疑問文
話題化された文
話題化された疑問文
宣言文
宣言文の疑問文
否定文
疑問文を表す NM との結合
否定文を表す NM との結合
平叙文を表す NM との結合

(22) 複文
関係節のある文
関係節のある疑問文
CL 述語
名詞述語
形容詞述語
副詞述語
時系列（1番目、2番目、3番目）の文
複合文
逆接文（しかし、または）
比較級を含む文
疑問文を表す NM
否定文を表す NM
平叙文を表す NM

(23) 会話のための行動	
会話を始める	肩をたたく
	手を振る
	NM を使う
注意をひくための行動	肩をたたく
	近くの家具をたたく
	指さし
	近くの人に手を振る
	遠くから手を振る
アイ・コンタクトをつける、維持する	
話題の維持	

適切な空間利用
注意喚起にこたえる
話しかけられた時に注意をむける
会話が終了するまでコミュニケーションを保つ
うなずきと表情で理解していることを示す
うなずきと表情で理解できていないことを示す
言語的な幅（レジスターの違い：言葉遣い）を使う
会話中に文化的な情報を含める
間
順番交代（1対1）
グループの中での順番交代
NM

(24) 談話
依頼
助けやアドバイスを求める
感情やインスピレーションを表す
他人の感情を話す
意見を述べる
他人の意見を議論する
情報を与える
情報を求める
提案またはフィードバックを与える
提案またはフィードバックを求める
説明の明確化を求める
確認を求める
約束する
抗議する
過去・現在・未来の出来事を説明する
人間、動物、物体を説明する
指示を与える
指示を求める
物理的な状況を説明する
命令する
政治的な話題を共有する
科学、歴史、倫理的な問題、宗教、哲学について議論する
疑問文を表す NM との結合
平叙文を表す NM との結合
否定疑問文を表す NM との結合
否定文を表す NM との結合

【付録2】 CEFR（ヨーロッパ言語共通参照枠）とは

　CEFR とは Common European Framework of Reference for Languages：Learning, teaching, assessment の略で、欧州の言語教育・学習の場で共有する枠組みとして、2001年に欧州評議会が発表したものである。母語ではない言語の運用能力をみるものとして、欧州をはじめとする世界の各言語で、実際に人事の採用など（タクシーの運転手になれる、ホテルで受付ができるなど）に利用されている。

　以下はヨーロッパで作られた学習者の手話能力の参照枠である。この参照枠はどんな音声言語（英語、ドイツ語、フランス語など）であれ、どんな手話（イギリス手話（BSL）、ハンガリー手話、デンマーク手話など）であれ、あるレベルにあると判定された者は、そのレベルに書かれていることができるとみなされる。この参照枠は、専門職にある母語話者の言語能力とほぼ等しい能力を最も高度なレベル C2とし、初歩的な学習者のレベルを A1としている。日本では、英語の大学入試において、民間試験を利用するにあたっては各試験とこの参照枠との対照表が文部科学省から発表されている。

　ろうの子どもたちにとって、この参照枠が有効なのは、第二言語として学習している日本語の能力を見る場合であるが、中学卒業レベルでは、まだ成人ではなく、また専門職に就いているわけでもないので、目標とすべきは B1ないしは A2であろう。ちなみに、2020年度開始予定だった CEFR に基づく英語の民間試験利用において、東京大学が求めたレベルは A2である。

　他方、母語話者としての手話能力が、この表のどの位置にあるのか注意しておくとよいだろう。中学部卒業までに、最低 B1レベルに達していることは確保すべきである。

熟達した使用者	C2 母語話者と遜色のない熟練者	・手話で表された、ほぼ全てのことを容易に理解することができる。 ・いろいろな情報源から得た情報をまとめ、根拠も論点も一貫した方法で再構成できる。 ・自然に、流暢かつ正確に自己表現ができ、非常に複雑な状況でも細かい意味の違い、区別を表現できる。
	C1 優れた言語運用能力を有する者・上級者	・いろいろな種類の高度な内容の、かなり長い文を理解することができ、含意を把握できる。 ・言葉を探しているという印象を与えずに、流暢に、また自然に自己表現ができる。 ・社会的、学問的、職業上の目的に応じた、柔軟な、しかも効果的な言葉遣いができる。 ・複雑な話題について明確で、しっかりとした構成の、詳細な文を作ることができる。 ・その際、文を構成する字句や接続表現、結束表現の用法をマスターしていることがうかがえる。
自立した使用者	B2 実務に対応できる者・準上級者	・自分の専門分野の技術的な議論も含めて、抽象的および具体的な話題の複雑な文の主要な内容を理解できる。 ・お互いに緊張しないで母語話者とやり取りができるくらい流暢かつ自然である。 ・広汎な範囲の話題について、明確で詳細な文を作ることができ、

		様々な選択肢について長所や短所を示しながら自己の視点を説明できる。
	B1 習得しつつある 者・中級者	・仕事、学校、娯楽で普段出会うような身近な話題について、[その地域で用いられている] 標準的な話し方であれば主要点を理解できる。 ・その言葉が話されている地域を旅行している時に起こりそうな、たいていの事態に対処することができる。 ・身近で個人的にも関心のある話題について、単純な方法で結びつけられた、脈絡のある文を作ることができる。 ・経験、出来事、夢、希望、野心を説明し、意見や計画の理由、説明を短く述べることができる。
基本的な 使用者	A2 学習を継続中の 者・初級者	・ごく基本的な個人的情報や家族情報、買い物、近所、仕事など、直接的関係がある領域に関する、よく使われる文や表現が理解できる。 ・簡単で日常的な範囲なら、身近で日常の事柄についての情報交換に応ずることができる。 ・自分の背景や身の回りの状況や、直接的な必要性のある領域の事柄を簡単な言葉で説明できる。
	A1 学習を始めたばか りの者・初学者	・具体的な欲求を満足させるための、よく使われる日常的表現と基本的な言い回しは理解し、用いることもできる。 ・自分や他人を紹介することができ、どこに住んでいるか、誰と知り合いか、持ち物などの個人的情報について、質問をしたり、答えたりできる。 ・もし、相手がゆっくり、はっきりと話して、助け船を出してくれるなら簡単なやり取りをすることができる。

出典：吉島茂・大橋理枝・奥聡一郎・松山明子・竹内京子「各レベルの概要（2001年版）全体的な尺度（Global Scale）」『外国語教育 II 外国語の学習、教授、評価のためのヨーロッパ共通参照枠 追補版』ゲーテ・インスティトゥート、p.25

付録

著　　　者：明晴学園 手話科（小学部・中学部）
　　　　　　狩野桂子　明晴学園小学部・中学部教諭（手話科・社会科）
　　　　　　森田　明　明晴学園教頭（幼稚部・小学部）、NHK みんなの手話講師

手話モデル：明晴学園（研究部）
　　　　　　外園　猛　明晴学園教諭
　　　　　　横田いくみ　明晴学園教諭

イ ラ ス ト：明晴学園 美術科
　　　　　　島村満里子　明晴学園教諭
　　　　　　西　雄也　明晴学園教諭
　　　　　　＊上記、教諭はすべてろう者

編 集 協 力：阿部敬信　九州産業大学教授
　　　　　　岡　典栄　明晴学園教諭、東京経済大学非常勤講師

編者：NPO 法人バイリンガル・バイカルチュラルろう教育センター

写真・動画編集：株式会社タマプロ

＊本書の基になった「明晴学園 手話科 カリキュラム」の構築に大きく貢献してくださった佐々木倫子先生（桜美林大学名誉教授）に心から感謝いたします。

手話に関心があるすべての人のための
知る・学ぶ・教える日本手話
明晴学園メソッド

2023年9月1日　初版第1刷発行
2024年2月5日　　第3刷発行

著　者──明晴学園手話科（小学部・中学部）
　　　　　狩野桂子・森田　明
編　者──NPO 法人バイリンガル・バイカルチュラルろう教育センター
発行者──鈴木宣昭
発行所──学事出版株式会社
　　　　　〒101-0051　東京都千代田区神田神保町1-2-5
　　　　　TEL：03-3518-9655
　　　　　https://www.gakuji.co.jp

編集担当：加藤愛
装丁：弾デザイン事務所
印刷・製本：精文堂印刷株式会社　　　　　　　　　　落丁・乱丁本はお取替えします。

ISBN978-4-7619-2956-5　C3037